本书由中南民族大学中央高校基本科研业务费专项资金资助出

口译释意理论实证研究

An Empirical Study on the Interpretive Theory of Translation

汤茜　著

WUHAN UNIVERSITY PRESS
武汉大学出版社

图书在版编目(CIP)数据

口译释意理论实证研究／汤茜著 . -- 武汉：武汉大学出版
社，2025. 1. -- ISBN 978-7-307-24800-7

Ⅰ. H059

中国国家版本馆 CIP 数据核字第 2024KV2940 号

责任编辑:杨 欢 责任校对:鄢春梅 版式设计:马 佳

出版发行：**武汉大学出版社** （430072 武昌 珞珈山）

（电子邮箱：cbs22@ whu. edu. cn 网址：www. wdp. com. cn）

印刷:武汉邮科印务有限公司

开本:720×1000 1/16 印张:13.5 字数:191 千字 插页:1

版次:2025 年 1 月第 1 版 2025 年 1 月第 1 次印刷

ISBN 978-7-307-24800-7 定价:69.00 元

前　言

　　口译，作为一种跨语言、跨文化的交流工具，在国际会议、外交谈判及多语言环境下的各类交际活动中得到了广泛应用。口译不仅要求译员具备卓越的语言能力，还要求其在极大的时间压力下，精准地理解、处理并传达源语言的深层含义。因此，口译是一种极为复杂的认知活动，其认知过程与语言表达过程的紧密结合，使这一活动超越了传统的语言转换，进入了对意义的深层解读与再创造的领域。

　　在口译研究中，同声传译被认为是较具挑战性的形式之一。它要求译员在听到讲话的同时，通过耳机接收源语言信息，并在极短的时间内将其转化为目标语言。这样的高强度认知负荷使得同声传译不仅是语言能力的较量，更是对认知能力、记忆力和心理反应能力的综合考验。为了解释这一复杂的认知过程，学术界提出了多种理论模型，从不同角度探讨了口译员在同声传译中的认知机制、语言转换策略及背后的心理过程。

　　尽管已有众多研究深入探讨了口译的认知机制，口译释意理论（Interpretive Theory of Translation）仍然是研究同声传译中语言转换与认知互动的重要理论之一。由法国学者 Danica Seleskovitch 于 20 世纪 60 年代提出的释意理论，明确指出口译并非仅仅是语言之间的直译过程，而且还是一个基于意义理解与再表达的过程。在这一理论框架下，口译过程被划分为三个阶段：首先是对源语言的语言表达进行理解，然后将其转化为非语言意义的"脱离源语言外壳"（简称"脱壳"）阶段，最后通过目标语言重新表达这种意义。释意理论的核心在于提倡译员应当深入理解源语言的意义，并跳脱源语言的表面形式限制，从而实现更精准、流畅的目标语言表达。

释意理论的提出，促使学界重新审视口译的认知机制、语言转换策略及口译质量的评估标准。与传统的"逐字逐句"翻译方法不同，释意理论强调对源语信息的深层理解，力求通过目标语表达对源语意义的精准传递。因此，翻译质量的评估不再仅仅依据语言形式的匹配，而是更注重译员能否准确把握源语言的深层含义，并基于此进行自由、流畅的表达。因此，口译中的"脱壳"现象成为释意理论中一个重要的研究课题。

尽管释意理论为口译研究提供了重要的理论框架，但对于影响脱壳过程的具体因素，学界的研究仍存在一些空白。翻译方向、译员经验、源语的难度及文化背景等多种因素，都可能影响译员在脱壳阶段的表现。特别是翻译方向（如英译汉与汉译英）这一因素，不同的翻译方向可能导致译员在处理源语信息时采取不同的策略，进而影响脱壳的程度和翻译质量。因此，如何进一步理解翻译方向性和译员经验对口译过程的具体影响，成为口译释意理论发展的重要课题。

本研究通过实证研究的方法，探讨翻译方向性和译员经验等因素在同声传译的脱壳过程中的作用。特别是，本书基于 2×2 实验设计，结合经验丰富与经验欠缺的译员，以及英译汉与汉译英的翻译方向，深入分析不同自变量对译员脱壳过程和口译质量的交互效应，进而为口译教学、质量评估及翻译实践提供实证依据。同时，本研究在方法论上进行了创新，虽然近年来口译认知研究逐渐向技术化发展，但本研究回归语言层面的分析，秉持多元互证的原则，采用了 Helle V. Dam 的"词汇异同法"和 Setton & Motta 的"质化和量化交佐法"相结合的研究方法，力图从多维度量化分析口译过程中的脱壳现象。通过这一研究，我们不仅能够揭示翻译方向对译员思维过程的影响，还能进一步探讨口译员的经验如何在应对语言转换时提供认知补充，提升口译质量的表现，全面反映口译过程中语言转换与认知活动的交互作用。最终，本研究旨在为口译学科的发展提供有益的启示和参考，并为口译员的培训与能力提升提供坚实的理论支持。

本书的完成得到了各方大力的支持，谨在此致以诚挚的感谢。首先，感谢中央高校基本基金业务项目和中南民族大学外语学院平台项目基金为本研究提供了重要的研究资源与支持。特别感谢张立玉教授和易立新院长在学术指导和项目管理上的帮助，他们的支持对本书的顺利完成至关重要。此外，还要感谢英国纽卡斯尔大学的校友们在实验过程中给予的帮助，以及所有参与口译质量评估的同行们，为本研究提供了宝贵的数据和见解，使本书的研究成果更加丰富和深入。

尽管本书在诸多方面付出了努力，但由于个人学识与经验的局限，仍存在许多不足之处。诚恳希望各位专家学者能够批评指正。

汤　茜

2024 年 11 月于南湖畔

目　　录

第1章 绪 论

1.1 研究背景

同声传译是一种高度复杂的认知过程。许多研究者结合心理学和认知科学，尝试对这一过程进行建模。其中，国际上早期具有代表性的模型包括信息处理模型（Gerver，1976；Moser，1976，1978，1997）和口译认知负荷模式（Gile，1985，1995，1997/2002，2009）。在口译研究领域，口译释意理论（Interpretive Theory of Translation）对口译过程的阐释也占据了重要的学术地位。该理论不仅推动了口译理论的创新，还在实践改进、质量评估标准以及教育培训方法的发展中发挥了关键作用。

口译释意理论由法国巴黎高等翻译学院的 Danica Seleskovitch 于 20 世纪 60 年代提出。她主张翻译并非仅仅是语言之间的转换，而是一个依赖于人脑的思维加工过程。在这一过程中，翻译需要经过提取意义这种具有非言语特点意识的阶段，才能够不受源语字面意义的影响，用译入语重新表达，即翻译过程分为三个阶段：原文的语言表达，经过理解之后变成的非语言意义，再用另外一种语言重新表达这种意义（Seleskovitch，Lederer，1989；闫素伟、邵炜译，2011：241）。其中，第二个阶段被称为"提取意义的过程"（Seleskovitch，1975），即在理解源语意义后，口译员需要摆脱源语言的词汇和语法结构，将思维或交际意义以某种形式储存于记忆中，这一过程被称为"脱离源语言外壳"（以下简称"脱壳"）。

释意理论强调从语篇层面对源语进行意义的理解，即基于意义的翻译

（meaning-based interpreting）（脱壳的标志），而非逐字逐句地翻译，即基于形式的翻译（form-based interpreting）（代码转换的标志）。在释意模式中，关键在于用目标语准确表达对源语意义的理解，因此基于意义的翻译被视为标准策略（Dam，2000：28），翻译质量的评估也以"释意准确性"为核心标准（蔡小红，2007：2）。

影响口译脱壳程度的因素众多，其中翻译方向（directionality）是早期探讨的核心话题之一（Van Dijk et al.，2011）。关于翻译方向的争论可以追溯到两大阵营："西方阵营"普遍认为译入比译出相对简单，语言表达更自然，口译质量也更高，因此倡导"母语原则"（Campbell，1999；Gerver，1976；Gile，1997/2005；Seleskovitch & Lederer，1989）。与此相反，"东方阵营"则通常采用反向翻译，认为在口译过程中，理解源语是最为关键的阶段，只有深入理解源语模式，才能在翻译时更加得心应手（Denissenko，1989；Shveitser，1999；Chernov，1999）。其中，巴黎学派作为"母语原则"的主要倡导者，认为译员尽管能够对外语进行充分理解，但在目标语的表达方面，仍然难以达到母语的流利度和精确度。

译员的经验水平也是影响脱壳程度的重要因素之一。释意理论为口译员设定了系统要求，强调语言知识与认知补充的有机结合（Seleskovitch，Lederer，1989；闫素伟、邵炜译，2011：239）。语言知识包括对词汇、句法、语法规则的掌握，其能帮助口译员理解句子的基础意义。口译员需具备两种语言的高度熟练度，尤其是对母语的掌握，而对源语（通常为外语）也应具备足够的理解能力。然而，释意学派认为，语言知识本身不足以让口译员全面理解演讲内容，口译员还需依赖认知补充。认知补充是指通过语言以外的知识对演讲者意图的深入理解，尤其是在处理复杂话题时，认知补充显得尤为重要。如果没有这些背景知识，译员可能难以准确把握词汇和语句的深层含义。根据"语言门槛假设"（Language Threshold Hypothesis，LTH），认知补充的作用因群体而异。只有当译员的语言熟练度达到一定水平后，才能充分利用背景知识；而语言能力较低的译员则更容易被困于语句的表层含义，无法有效调动认知资源（Clarke，1980；Carrell，1991；Vahed & Alavi，2020）。

1.2　研究目的及研究意义

近年来，口译释意理论的实证研究受到了广泛关注，已有研究从文本难度、原文专业信息密度、译前准备、翻译方向及译员经验等维度，探讨了影响脱壳程度的因素（Dam，2000；Setton & Motta，2007；Elsebaei，2013；孙海琴，2012；程喆，2017；胡逸，2022；黄日威，2022等）。采用的实证方法包括眼动追踪、键盘记录法、词汇异同法、质化和量化交佐法以及再记忆测试法。

然而，前人研究多集中于单一变量因素的影响，较少采用双因素设计，因而其生态效度相对有限。本研究采用2（翻译方向：英译汉、汉译英）×2（译员经验：经验丰富、经验欠缺）的双因素设计，旨在提高实验的生态效度，更全面地反映各因素之间的因果关系，并检测其交互效应。通过这样的设计，研究不仅增加了实验的复杂性和信息量，还能使人更深入地理解研究对象的多维特性。

此外，前人研究在方法选择上较为单一。本研究创新性地结合了两种主流的文本脱壳量化方法：Helle V. Dam 的"词汇异同法"与 Setton & Motta 的"质化和量化交佐法"。两种方法各具优势，"词汇异同法"注重词汇层面的异同分析，能够对脱壳程度进行精确量化；而"质化和量化交佐法"则同时兼顾质性与量性数据，提供更全面的翻译质量评估。通过将两种方法结合使用，可以相互验证结果的可靠性，减少单一方法可能引入的主观偏差，从而提升研究结果的科学性和可信度。

因此，本研究设定了两个自变量：翻译方向（英译汉、汉译英）和译员经验（经验丰富、经验欠缺），因变量为脱壳程度和口译质量。本研究将"词汇异同法"与 Setton & Motta 的"质化和量化交佐法"相结合，分析不同自变量对因变量产生的互动影响。基于此，本实验将探讨以下研究问题：

（1）翻译方向性是否影响译员在同声传译时对源语信息的处理方式？

不同翻译方向下是否存在脱壳程度的"非对称性"？

（2）不同经验水平的译员在同声传译时对源语信息的处理方式是否有差异？译员经验越丰富，是否越能驾驭意义的理解和自由表达，从而使目标语的脱壳程度更高？

（3）翻译方向性是否对口译质量产生影响？译入母语的同声传译质量是否更高？

（4）在不同翻译方向上，译员经验是否对同声传译的口译质量产生影响？译员经验越丰富，译入母语的同声传译质量是否越高？

（5）译员对源语信息的处理方式与口译质量之间是否存在关系？脱壳程度越高，口译质量是否越好？

本研究的研究意义主要体现在以下几个方面。第一，揭示翻译方向性对口译过程的影响：通过分析翻译方向（英译汉、汉译英）对译员在同声传译过程中处理源语信息的方式影响，本研究有助于深入揭示不同翻译方向下脱壳程度的"非对称性"，为翻译方向性在口译实践中的作用提供新的证据。第二，探讨译员经验对翻译质量的作用：本研究通过比较经验丰富和经验欠缺的译员在处理源语信息和脱壳程度上的差异，揭示译员经验如何影响翻译过程中的意义理解与表达自由度，从而帮助提升目标语的翻译质量，以期为口译培训和能力提升提供实证依据。第三，关联脱壳程度与口译质量：本研究不仅探索了译员对源语信息的处理方式（脱壳程度），还将其与口译质量进行关联分析。通过验证脱壳程度与口译质量的关系，本研究能够为口译质量的评估提供新的视角，丰富翻译理论的研究内容。第四，创新的研究方法：通过同时运用"词汇异同法"与"质化和量化交佐法"对翻译过程进行综合分析，本研究在研究方法上具有创新性，为口译过程中的脱壳现象提供了更加全面的量化和质化评估框架。这一方法的运用不仅提高了研究的科学性，也为后续研究提供了重要参考与经验。

1.3 本书结构

本书共分为八章：

第 1 章为绪论，首先系统介绍了本研究的背景、研究动机，并明确了研究的目的与意义。随后，概述了全书的结构，旨在为读者提供整体的研究框架与思路。

第 2 章详细阐释口译释意理论，重点回顾了其历史发展和主要观点，特别是"脱离源语语言外壳"的核心概念。本章将释意理论作为本研究的理论基础，系统讨论其过程模型如何解释译员对源语信息的处理方式。

第 3 章聚焦于翻译方向性相关文献的梳理。本章首先回顾了翻译方向性的历史背景与发展脉络，揭示了其在不同文化和历史语境中的争议与研究热点。接着，深入探讨国内外学者在翻译方向性领域的理论和实证研究成果，为后续实验研究提供坚实的理论支撑。

第 4 章集中探讨本研究采用的研究方法，介绍了 Helle V. Dam 的"词汇异同法"和 Setton & Motta 的"质化和量化交佐法"。通过详细解释这两种方法的背景、操作流程及其延伸应用，本章为实验数据的分析奠定了坚实基础。此外，针对研究设计的合理性与科学性，本章进一步说明了这些方法如何契合本研究的具体需求。

第 5 章详述实验的具体过程。本章涵盖了研究问题与假设的提出、实验研究方法的选择与设计、实验对象的选取、实验文本与任务的制定等内容。特别是数据采集过程，重点说明了如何使用"词汇异同法"与"质化和量化交佐法"进行数据统计分析，为后续的实验结果提供可靠的依据。

第 6 章对实验数据进行分析。首先，基于"词汇异同法"分别从翻译方向性和译员经验两个维度进行脱壳数据分析；随后，依据"质化和量化交佐法"进行更为复杂的统计分析，运用了 T 检验、相关性分析和回归分析等多种统计方法。最后，综合这两种方法的分析结果，展开对比和互证讨论。

　　第 7 章进行实验假设的验证与讨论。本章基于数据分析结果，逐一验证了研究提出的五个假设，并探讨翻译方向性和译员经验与脱壳程度及口译质量的相互作用关系，为理论与实践提供新见解。

　　第 8 章为结论部分，全面总结了本研究的主要发现，深入探讨了研究的局限性，并对未来研究方向提出了展望。

第 2 章　口译释意理论

2.1　口译释意理论的历史与主张

口译释意理论，也称为"达意理论"，该理论雏形最早由 Jean Herbert 于 1952 年提出，其将口译过程划分为理解、转换和表达三个步骤。Danica Seleskovitch 在 20 世纪 60 年代，根据她当会议口译员的经验（1962，1975，1977），正式创立了这一理论。该理论后来由巴黎学派，特别是 Marianne Lederer（1981）在同声传译领域进行了深入阐述。随后，Jean Delisle（1984，1988）将释意模型扩展到书面翻译的实用文本中（Salama-Carr，2009，in Baker & Saldanha，2009：145）。根据翻译释意理论，口译员在其记忆中存储的是意义或非语言的意图，并对其进行分析和口头表达。

Seleskovitch（1978：18）作了一个类比，"翻译更像绘画而不是摄影"，因为摄影只是无差别地再现镜头范围内的细节，而不试图解释其意义，但绘画则抓住了事物的本质，因为画家是通过眼睛发现并传达信息。口译员亦是如此。

Lederer（2003：140）表示，口译不仅仅是用另一种语言逐字翻译原文，而是翻译每个词的个别意义，同时考虑句法重构和偶尔出现技术用语等问题。翻译是交流（Seleskovitch，1978：7），因此翻译不是基于语言记忆，而是基于对意义的掌握（Salama-Carr，2009，in Baker & Saldanha，2009：146），口译员应传达意思/意义，而非语言形式。

意义（sense）不是词语的总和，而是一个有机的整体，是语言知识、主题知识、百科知识和交际语境相结合的产物，是通过同时在语言层面与超语言层面进行的话语理解活动来完成的（许明，2010：8）。意义既包括显性的"外显意义"（explicit/explicitness），即实际写出的或说出的内容，也包括隐性的"内含意义"（implicit/implicitness），即作者未说但意指的，读者或听者理解的内容（Lederer，2003：14；Salama-Carr，2009，in Baker & Saldanha，2009：145）。Seleskovitch 表示（1976：64，269），意义超越语言，是说话者有意想要传达的内容，不与动机或意图相混淆。Chernov（2004：41）也解释说，讲话（话语）由情境意义（语言因素）和意思（超语言因素）组成。在认知科学中，Sachs（1967：437）称其为"主旨"（gist），并表明我们最近听到的句子的"主旨"，而不是特定的词语或句法关系，构成了我们再表达的表层结构。

释意理论的核心观点是：将语言意义（linguistic meaning）和非语言的意思（non-verbal sense）区分开来。即在口译过程中，理解和表达之间有一个意义与语言分离的阶段。在这个阶段，口译员将源语的意思以一种非语言的形式存储在大脑中，并在表达阶段迅速找到与该意义相匹配的目标语语言外壳（Seleskovitch，1968：8），这一过程的关键就是"脱离源语语言外壳"。

2.2　脱离源语语言外壳

"脱离源语语言外壳"（deverbalization）也被称为"脱形达意"或"得意忘形"，即提取意义的过程（Seleskovitch，1975）（下文简称"脱壳"）。Gile（1990：33）将其描述为一个"只有意思留在口译员的脑海中，没有任何语言载体的痕迹"的阶段。以往的研究部分证明了脱壳的存在。Isham（1994）进行了一个心理实验，检查从法语到美国手语（ASL）的同声传译后的逐字回忆，以确定脱壳是否存在。结合认知科学，Setton（2002）在他的处理模型中引入了元表征与高层认知活动中记忆之间的关系，这是对脱壳的初步认知解释（许明，2010：6）。Ladmiral（2005）研究了如何从多个学科来概念化信息。

　　Seleskovitch 表示，一旦理解达到，源语言的结构在同声传译中便不再起作用(Lambert & Moser-Mercer, 1994：192)，并且预期会实现"完全的脱壳"(Seleskovitch, 1975)。然而，这一假设受到质疑。1998 年，Helle V. Dam 通过比较词汇相似性 (lexical similarity) 和词汇差异性 (lexical dissimilarity)进行了一项经典实验，得出结论：在口译过程中既存在基于形式的 (form-based) 翻译，即代码转译 (transcoding)，也存在基于意义的 (meaning-based) 翻译，即脱壳。这一研究反驳了 Seleskovitch 关于"完全的脱壳"的说法。Isham 也得出了类似的结论，指出脱壳只是口译中一个可能而非必然的阶段(Isham, 1994, in Lambert & Moser-Mercer, 1994：207)。国内较具有代表性的学者张吉良从多个层面指出了释意理论的不足。关于脱壳，他指出"释意"是一种心理体验，"心理病理学本身的发展尚未能证明——尽管这方面的研究一直在进行着——被完全去除了'语言外壳'的思维的存在"(张吉良，2010：121)。

　　脱壳后，关于"意义"以何种形式存在的问题，Seleskovitch 和 Lederer (1984, 2003, 引自许明, 2010：11)在 1984 年和 2003 年分别进行了两次表述。在第一次表述中，他们强调"意义"在脱离具体语言表达形式后能够独立存在。口译过程中的脱壳应被视为一个相对独立的动态处理阶段，其开始位置是按照"主谓关系"和特定结构组织起来的"逻辑分句"，如状态、事件、动作等高层次的语义单位；截止位置是在 7~8 个字符基础上形成的宏观事件、宏观动作及宏观状态等宏观语义单位(同声传译)或更高层次的宏观语义单位(交替传译)。因此，除了专有名词、数字等特殊情况外，高层次的语义单位、宏观语义单位(同声传译)和更高层次的宏观语义单位(交替传译)是"意义"在口译脱壳阶段的基本存在形式(但并非唯一)。

　　在第二次表述中，他们强调脱壳是理解之后"意义"在大脑意识中的一种存留状态，口译中的脱壳被看作"意义"的一种静态存在状态。其开始位置是译员完成相应的、能满足特殊交际环境下口译功能性需求的语义处理层，截止位置是开始根据话语对象和译语环境对"意义"进行转换，中间可能掺杂其他话语信息和语用信息的处理过程。此状态下的信息存储在长期工作记忆中。"意义"在此状态下的存在形式与译员开始表述前的语义处理深度相关，其范围从事件、动作、状态等高层次的语义单位（同声传译），到宏观语义单位（同声传译）或更高层次的语义单位（交替传译）。

综合这两次表述，可以发现，从"脱离源语语言外壳"到"意义"最终在长期工作记忆中形成一种存在状态，中间不仅间隔了多个语义处理过程，还可能掺杂语义信息与其他话语层面的整合过程，如语调、节奏等。如果坚持释意理论的三段论，只能说脱壳作为"意义"在长期工作记忆中的一种存在状态。

鲍刚（1998：202）对"意义"存在形式做了进一步的阐释，鲍刚分析了译员智力操作中实际应用的载体，并将其分为不同类型的代码。这些代码涵盖了译员在口译中遇到的所有"意义"，并被视为译员各种智力加工的"基础载体"。这些载体包括：①目标语浓缩化的内部语言；②某些源语重点信息或翻译后的信息；③源语具体或抽象的符号系列；④源语（或目标语）意向或意向代码；⑤源语（或目标语）语言或语言外的情感信息；⑥源语语言外的直觉信息；⑦双语交际期间语境、交际环境等带来的其他语言外信息。

2.3　口译释意理论过程模型

基于脱壳的概念，巴黎学派提出口译是一个有意识的行为，需要认知输入来传达意义（Seleskovitch，1978：40；Lederer，2003：26）。因此，口译过程不是源语言意义的"直接转换"，而是"从源语言到意义的转换，再到意义在目标语言中的表达"（Seleskovitch，1977：28）。

口译释意派提出的口译过程模型不断完善、发展。根据释意学派的理论，口译过程分为三个阶段：①Interpretation or Exegesis of Discourse（话语阐释），即听辨，弄清语言符号代表的意思；②Deverbalization（脱离源语言外壳），即理解欲说之意；③Reformulation（信息重组），即目标语的表达。

最初，Seleskovitch 提出了经典的三角模型（Seleskovitch & Lederer，1984），如图 2-1 所示。

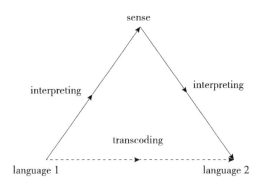

图 2-1　Seleskovitch 口译过程三角模型

在该模型中，language 1 指源语，language 2 指目标语，三角形顶端是意义（sense）。虚线部分代码转译（transcoding）指从一种语言直接转换为另一种语言的语言直译，一般适用于术语、数字、名称等。interpreting 是获得源语意义后用目标语重新表达的释意。

Delisle（1988：22）基于此，研究提出释意方法的认知过程，如图 2-2 所示。

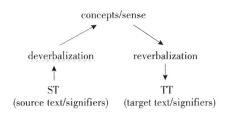

图 2-2　Delisle 口译过程模型

在该模型中，ST 指源语，TT 指目标语，顶端是概念或意义（concepts/

sense)。口译释意是源语通过脱离源语语言外壳(deverbalization)转换成概念或意义，再创造性地进行再次表达或加上语言外壳(reverbalization)译入目标语的过程。

释意学派如此解释口译过程：在理解过程中，由于口头陈述的短暂性，因此需要工作记忆，即"脱壳的记忆"(Seleskovitch，1978)。意味着当说话者的措辞消失时，感官数据成为知识的碎片，失去了其具体形态(Lederer，2003：12-13)，即意义。Seleskovitch 表示，"准确的口译员保留的是意义，而不是措辞"(1978：17)。然后在重新表达阶段，口译员将根据理解的思想，而不是用来表达这些思想的词语或符号，寻找合适的表达方式(Delisle，1984，Logan & Creery 译，1988：65-66)。这个过程是创造性的，巴黎学派称之为再次表达或加上语言外壳(reverbalization)。在口头传递之前，口译员还需要验证最终翻译在内容相同和形式等同方面的准确性，寻找等值语言(Salama-Carr，2009，in Baker & Saldanha，2009：146)。语言形式可能消失，但信息不会丢失或错误，口译员实际上可以用自己的话说出与原文相同的内容并产生相同的效果(Lederer，2003：40)。

如果参考口译过程的三大环节："源语理解→记忆与语言转换→译语产出"(Pöchhacker，2004；Gile，2009)，巴黎学派提出的释意理论实际上是典型的主张源语理解和译语产出的过程是依次进行的"串行/纵向加工"，即强调在翻译时必须先理解源语，只有在完全理解并把握发言人话语的真实意义(脱壳)之后，才可以产出目标语。然而，许多研究者也发现了"并行/横向加工"的可能性，即在源语语篇被完全理解并形成完整的意义表征之前，对应的译语中的词汇单位(lexical unit)就以一种持续并行的方式被激活并转换(De Groot，1997；Macizo & Bajo，2006，引自王非、梅德明，2017：38)。例如，董燕萍(2010)提出了"非对称有限并行加工"模型假说，指出译员的能力是"有限"的，不可能并行处理所有的语言单位，否则口译就等同于机械的语码转换，理解也无从谈起。所谓"非对称"，指的是并行加工在不同任务条件下有着不同的表现形式和程度。例如，"外语→母语"的过程可能比"母语→外语"的过程涉及更多的并行加工。由此可见，"非对称有限并行加工"模型论述了串行加工的必然存在与并行加工的可能存在(王非、梅德明,2017:39)。

释意理论自20世纪70年代末传入我国,目前已成为我国译界最熟悉的西方口译理论。孙慧双(1979)是首个在专门的口译理论学术期刊上对其进行详细介绍的中国学者,其将该理论称为"达意派"。鲍刚在《口译理论概述》中对其进行语言心理学、神经学等方面的研究。许钧在1998年对Seleskovitch进行专访,以直观方式介绍释意学说。当今也有著名学者如张吉良对口译三角模型进行回顾性研究等。国内外研究人员在其他方面亦对脱壳展开了广泛的研究。其中备受关注的方向包括脱壳应用研究、理论研究、译介研究、实证研究等。

总而言之,根据释意理论,口译并不是一个线性的转码过程。通过"脱壳"过程,口译旨在传达实际意义。尽管这个过程未必是强制性的,但释意理论在促进国际口译研究从语言学向认知心理学转变、提高译员的口笔译实践质量,以及指导口笔译教学等方面具有重要意义。

第 3 章　翻译方向性

3.1　翻译方向性定义

翻译方向是译学研究的根本问题（Beeby，2009；Pokorn，2010；Ferreira & Schwieter，2017）。在 *The Dictionary of Translation Studies* 中，翻译方向（direction of translation or directionality）被定义为"术语，指翻译是发生在译者的母语（或惯用语言）中，还是从译者的母语中译出"（Shuttleworth & Cowie，2004：42）。近年来，用"directionality"这一术语指代翻译方向已被翻译研究学术界普遍接受和认可。

在翻译界，译员掌握的语言有多种不同的称呼，如"母语""A 语"或"L1"，而外语则被称为"外语""B 语"或"L2"。目前，这些术语尚无统一明确的规定。在二语习得研究中，通常使用 L1 和 L2 的概念较多。根据国际会议口译员协会（AIIC）的定义，A 语言是指口译员的母语或等同于母语的语言；B 语言是口译员完全掌握的语言，能够像 A 语言一样被使用；C 语言是口译员能很好理解但不一定能像母语那样流利表达的语言。

翻译方向的讨论通常基于翻译活动与母语之间的关系。在传统研究范式中，将外语翻译成母语被称为直接翻译（direct translation），而将母语翻译成外语被称为逆向/反向翻译（inverse /reverse translation）或服务翻译（service translation）（Shuttleworth & Cowie，2004：42；Ferreira & Schwieter，2017：90）。在俄语、德语和日语中，没有专门的术语来描述翻译方向。然而，在西班牙语、意大利语、葡萄牙语和阿拉伯语等语言中，翻译被分为直接翻译和逆向翻译。不过,一些研究小组反对使用"逆向翻译"这一术语,因为它带有负面含义,并建议改用 A 语言、B 语言和 C 语言的组合来描述翻译方向(Beeby,2009:84)。

在中国翻译研究领域,学者们经常使用"译入/译出"这一对术语,其字面意思分别为"对内翻译"(即"直接翻译")和"对外翻译"(即"逆向翻译")。有学者表示,"对内"或"对外"都是从"中国视角"出发的,这种立场可能根植于"文化优越的传统观念"和"认为中国是世界中心的概念",以及受到推动中国文化"走出去"的理性和现实的影响(Wang B. R.,2011:905)。

3.2 翻译方向性历史文化背景

在中外翻译史上,两种方向的翻译实践一直都是并行发展,除了在特定时间和特定区域有所侧重之外,均为常态(周宣丰、闫培香,2023:74)。译出和译入一样,一直是翻译活动中不可或缺的一部分,尤其在非英语国家,译出更是扮演着非常重要的角色(Kelly,1979:109-112)。国际译协的一项调查显示,参与调查的 772 位译者中一半以上做过反向翻译(IAPTI,2015:13,引自葛晓华,2022:32)。在中国 90%的受访译者表示,他们同时从事英译汉和汉译英双方向的翻译(孔慧怡,2000:61)。

影响翻译实践的不同方向和路径研究的主要动力是国家政治、经济及文化发展的不同水平。当一个国家在技术、经济和文化上属于强国(语言和文化出口国)时,其语言和文化的译出量一定很大;当一个国家在技术、经济和文化上属于弱国(语言和文化进口国)时,语言和文化的译入量一定很大(Gouadec,2011:10)。可见,对内翻译的主要动机是接受语境的主动呼唤与需求,即目标语国出于文化、经济、政治等需求主动选择、呼唤译入异域文化及文明成果的翻译行为(吴赟、李伟,2022:100)。"一个文化,就像人的机体。它缺什么,就会自己找什么,而一个译本是不是值得翻译,得要看宿主文化是否呼唤这个文本的翻译,如果宿主文化有此需要，就必有该文化的精英分子站出来响应这个呼唤。"(杨乃乔、王东风等，2014：8)对外翻译则是源语国家为了塑造国家形象和促进文化交流，将本国具有文化与文明精髓的作品翻译成目标语国家语言的一种行为。这种翻译实践旨在推进文化外交，提升国家形象和增强文化软实力，宣传本国的文化传统、治国理政经验和社会发展理念，期望目标语国家的受众接受并认同源语国的文化和所塑造的形象(吴赟、李伟，2022：100)。

当前，中国翻译的使命经历了从"翻译世界"到"翻译中国"的历史性转变，即从"译入"到"译出"的重大转向。据王岳川的调查统计，20 世纪中国翻译了大约 106800 余册西方著作，但西方翻译的 20 世纪中国著作(重点不在古代典籍，而是 20 世纪的中国思想著作)仅有几百册(龙明慧，2007：71)。中华人民共和国成立后不久，四大名著便被翻译成多种语言，随后开展了一系列大型对外翻译项目，如"熊猫丛书"、"大中华文库"、"中国文化与文明"系列丛书，以及"丝路书香"等。此外，在国家社科基金项目下，还专门设立了中华学术外译项目，资助出版代表中国学术水准、体现中华文化精髓、反映中国学术前沿的学术精品。进入 21 世纪，随着中国文化"走出去"战略和"加强国际传播能力建设"的提出，对外翻译实践逐渐成为主流。党的十九大报告重申了"建设社会主义文化强国"的战略任务，中国积极开展大量对外翻译实践，通过主动推动中国文化走向世界，提升文化软实力和国际影响力。

3.3　翻译方向性争议

不可否认，"译入与译出这两种翻译活动，由于接受语境、传播手段、译者身份、译入国时代背景、意识形态、诗学观念等各不相同，必然存在一定的差异性"(许钧，2015：111)。在 *Routledge Encyclopedia of Translation Studies* (2010) 中，翻译方向性的一般观点总结如下："在大众的观念中，语言能力是对称的：公众不区分 B→A 和 A→B，并认为译者在两个方向上的翻译都不会有困难。这种观念往往也会影响雇主的看法。此外，笔译

员、口译员、翻译公司、语言学家和翻译学者清楚地知道,翻译能力很少
是对称的。"(Beeby,2009:84-85)

翻译方向性的问题可以追溯到以"巴黎学派"(Paris School)为代表的
"西方阵营"和以"苏维埃学派"(Soviet School)为代表的"东方阵营"之间的
争议。"西方阵营"普遍认为译入比译出简单(Campbell,1998;Gerver,
1976;Gile,1997;Seleskovitch & Lederer,1989),口译质量更高,并强调
翻译方向的"母语原则"。相反,"东方阵营"通常采用反向翻译的方法
(Denissenko,1989;Shveitser,1999;Chernov,1999),认为理解是口译过
程中最重要的阶段,只有更好地理解源语才能在翻译时更加得心应手。

长期以来,"母语原则"一直占据主导地位。联合国教科文组织在其发
布的《译者权益书》(*Recommendations on the Legal Protection of Translators and
Translations and the Practical Means to Improve the Status of Translators*)(1976)
中声明:"翻译者应尽可能地翻译成其母语,或翻译成其掌握程度等同于
母语的语言。"(Picken,1989:245)《英国翻译协会职业道德准则》(*The
Code of Professional Ethics of the Translators' Guild of Great Britain*)指出:"译
者所使用的译入语必须是自己具备母语知识的语言(个别情况下也可包括
第二语言)。这里的'母语知识'是指语言表达和书写达到一定流利程度,
思维表述在结构、语法和地道程度方面达到正确无误的能力。"(Baker,
2000/1992:65)

在 20 世纪 80 年代,"翻译的目的语必须是译者的母语"(Venuti,
1995:37)这一观点在西方得到了广泛认可。因为只有在母语(A 语言)中
才能实现高质量的传递和表达(Gile,2009:237)。目标语言的隐藏本质对
于任何外语使用者来说都是无法完全掌握的(Pokorn,2005:25-26)。译入
B 语言时,口译员需要承受更高的认知负荷和压力(Seleskovitch & Lederer,
1989)。译入 B 语言的作品常常充斥着不自然且不太可行的搭配,只有
译入惯用语言,才能确保翻译表达自然、准确,获得最佳翻译效果
(Newmark,1988:3)。母语的表达永远比外语更好(Seleskovitch & Lederer,
2002)。Mona Baker 表示,至少在习语的翻译中,她个人支持这种 L2→L1

的翻译，因为习语是文化负载较重的语言成分。她提出，"一个人在主动使用外语的习语和固定表达方面的能力几乎从未能与母语者相匹敌"（Baker，2000/1992：64）。不少研究人员也通过实证研究方法支持"母语原则"。

从翻译质量角度来看，一项针对口译学习者英汉双语向的视译质量实验发现，英汉视译的质量更高。在汉英视译中，"目标语言的表达地道、得体""语法、语义、选词"和"流利度"是最难达到的标准（梁晴霞，2023）。从译员角度来看，一项针对专业会议口译员的调查（Donovan，2002）显示，经常进行 B 语言翻译的口译员大多表示，相较于翻译成母语，翻译成 B 语言更累且压力更大，他们对 B 语言翻译的质量也不太满意。从认知学角度来看，大多数实验研究表明，词汇或句法层面存在"翻译方向效应"。在心理行为方面，冯佳和王克非（2021）综合利用眼动追踪技术、键盘记录和翻译产品数据，得出结论：在译出方向，学生译者的总体注意分配和投入译文产出活动的注意分配均显著高于译入方向。另一项探究译者在不同翻译方向中自动化加工和控制加工的认知过程及译文质量差异的研究发现：①译者在译入方向中的自动化加工能力更强，能为阅读和修改任务配置更多的认知资源；在译出方向中的控制加工强度更大，认知资源配置更多，且主要用于译语转换。②译入的自动化加工和控制加工质量均高于译出（王湘玲、王律、郑冰寒，2022）。在神经认知方面，Rinne 等（2000）指出，译入外语（B 语言）会导致前颞叶区域的广泛激活增加。因此，译入 B 语言可能需要比译入 A 语言更多的神经资源（Pöchhacker，2015：60）。

然而，也有观点挑战"母语原则"。作为挑战传统观点的先驱之一，Campell（1998：4）指出将外语作为译入语的翻译是一项与译入母语同样正常且可能同样普遍的活动，并且翻译研究隐含地假设了一个完美的双语译者。Denissenko（1989：157）认为，在输入阶段理解的准确性和完整性比在输出阶段的语言瑕疵更重要。母语的理解优于外语，任何输入信息的缺陷（如噪声、发音不准、比喻的使用、语法错误等）都会对口译产生不良影响。此外，从表达来看，口译员在使用外语时选择更少，但耗时更少。

Opdenhoff（2012）认为，口译员对 A 语言输入的工作记忆会更好。一些研究发现，当译入 B 语言时，面对语言复杂性更高的文本，口译质量更高（Tommola & Heleva，1998），并会采用更高效的口译策略（Al-Salman & Al-Khanji，2002）。Pokorn（2005）通过对比译入和译出产出文本的质量及可接受性，认为翻译质量取决于译者个人的翻译能力，包括其采用的翻译策略及对源语和目标语文化的认知，而非译入母语或译出母语的翻译方向，因此驳斥了将译出置于被动地位的传统思维。

同时，也有观点认为翻译的方向性在口译中并不重要。Donovan（2004）的调查显示，会议代表们并不在意口译的方向性，且认为译入母语和译入外语的口译质量没有显著差异。近年来，一些实证研究发现了"译入译出均势效应"，即"翻译方向效应"不明显。一项结合"自然语料库和认知阐释"方法的研究发现，在隐喻语境下，专业笔译员在不同翻译方向上对短语隐喻的翻译表现出均势效应（侯林平、郎玥、何元建，2022：116）。王永华（2015）从认知语法的角度，对散文《匆匆》及其两英译本进行详细分析，关注文本层面的显征，包括侧面/基体（profile/base）与射体/界标（trajector/landmark）在语篇世界中所体现的关系，发现不同的翻译方向并未显著影响通过文本呈现的认知效果。

当前，在笔译领域，由于政治、经济和文化的影响，各国持续进行"译入"和"译出"的翻译实践。强势语言文化的国家倾向于更多地将本国文化译出，较少译入他国文化；而弱势语言文化的国家则相反，更多地译入他国文化，较少译出本国文化（周宣丰、闫培香，2023：78）。在口译领域，职业实践也在发生变化，尽管"母语原则"仍占主导地位，但这一传统做法正逐渐被颠覆。在联合国的六种官方语言中，可对阿拉伯语和中文进行双向口译；在欧盟会议中，芬兰译员长期提供双向口译；在有东欧和西欧代表参加的大部分会议中，双向口译也被广泛采用（程喆，2017）。在外交场合，各国政要的口译服务通常由本国外交部门的译员提供，例如在 2021 年美国阿拉斯加举办的中美高层战略对话中，中方代表杨洁篪和王毅的翻译是外交部译员张京，负责汉英语向交替传译，而美方代表布林肯和沙利文的译员是长期供职于白宫的美籍译员钟岚（Lam Chung-Pollpeter），也负责母语译出。在国际组织之外的中外口译市场，双向口译几乎成为主流。因此，双向翻译在口笔译实践中已成为不可或缺的一部分。

3.4　翻译方向性国内外相关研究

在口笔译研究界较早讨论过的问题之一就是方向性（Gile，2005）。中外研究人员对翻译方向性开展了广泛的研究。近年来，相关研究从早期基于个人经验、传统和意识形态的理论研究，逐渐转向基于语料库或实验开展的实证研究。在理论研究方面，越来越多研究者关注到政治文化维度；在实证研究方面，用"硬数据"进行分析的认知研究是翻译方向研究的新热点。

3.4.1　理论研究

翻译方向的理论研究涵盖了翻译方法与策略、认知过程、翻译教学、翻译质量等领域。在讨论翻译方向与翻译方法策略的关系的研究中，"归化"和"异化"问题受到广泛关注。例如，美国汉学家葛浩文（Howard Goldblatt）采用归化策略翻译莫言作品，学界对此有褒有贬。有人赞扬这种跨文化阐释的翻译方法（王宁，2021：12），认为译者是跨文化的使者（罗选民，2019：3）。然而，也有人批评这种做法，指出汉语的独特韵味和魅力在翻译过程中几乎消失殆尽，翻译后的"象征文本"抹去了中国作家的不同文体和语言的特色（李建军，2013：25）。另有批评者认为，"尊重原著应该是翻译的底线，在文学翻译作品中做一些内科式的治疗是应该的，打打针、吃吃药，但是截掉一条大腿、切掉一个肺来改变原文外在的骨骼和形体是不可以的"（高方、余华，2014：60）。在对外翻译时，归化可能导致源语文化的"稀释与折扣"，而异化可能使对外翻译变成"一场缺少对话的独角戏"（吴赟、李伟，2022：100）。

　　在探讨翻译方向和认知过程的理论研究中，较具代表性的是 Daniel Gile(2005：11)基于认知负荷模式(Effort Models)对口译方向性问题的研究成果。Gile 表示，语言表达比理解需要更多的认知负荷。他基于"钢丝绳理论(Tightrope Hypothesis)"提出了两条假设：①无论是听力理解还是语言表达，A 语言所需要的处理能力比 B 语言少 40%；②在同声传译过程中，听力理解占总处理能力的 30%，语言表达占 70%。基于这两条假设，Gile 计算出译员在译入 A 语言的时候所需要的总处理能力为：听力理解+语言产出总需求 = 30×100%+70×60% = 72 个处理单位；译员在译入 B 语言的时候所需要的总处理能力为：听力理解+语言产出总需求 = 30×60%+70×100% = 88 个处理单位。因此，他得出结论，译入 A 语言所需的总处理能力更少，是最佳翻译方向。

　　翻译研究指导翻译教学是该领域的重要目标之一。早期在西方的国际组织中，"母语原则"占据主导地位。在 Danica Seleskovitch 和 Marianne Lederer 教授从 20 世纪 60 年代起提出的一系列口译教育原则中，包含"为了保证译文质量，同声传译只使用母语作为译入语，学生只接受外语到母语方向的同传训练"(Seleskovitch & Lederer，1984/1992：172)。这一原则被国际会议口译员协会(AIIC)的 ESIT 口译教育模式采用，并推广给世界各地的会议口译教育机构(张吉良，2008)。但在实际操作中，译出和译入的双向翻译都是翻译活动中不可或缺的一部分。译入非母语的教学已广泛纳入翻译学科课程设置。Donovan(2004)在 *European Masters Project Group*：*Teaching Simultaneous Interpretation into a B Language*：*Preliminary Findings* 一书中详细介绍了由欧洲大学组成的欧洲会议口译硕士联盟(EMCI)与欧洲机构合作的译入非母语会议口译培训课程，内容包括课程理论基础、教学方法和录取标准等。在国内，以北京外国语大学翻译(外交外事高级翻译)本科专业 2024 版培养方案为例，口译和笔译的英汉和汉英课程均为专业核心课程，课时同为 32 学时，2 个学分。许多研究人员提出了基于翻译方向性视角的具体教学建议。Minns(2002)认为教师应鼓励学习译入 B 语言的学生记录和牢记各种语篇中常见的短语和表达。Rejšková (2002)指出，学生除了接触结构完整和修饰过的口头材料外，还应接触包含冗余信息、信息过多、语速过快的材料，因为这些材料可以帮助学生培养应对具体情况时的策略应用能力。一些学者强调翻译教学中的语言组合问题，认为口译教学应包含特定语言组合的策略和技巧。Padilla（2003）指出，如果口译对任何语言组合都相同，那么应有适用于所有语言组合的普遍规则。

在探讨翻译方向和翻译质量的相关研究中，译入母语和译出母语的翻译质量优劣之分是重要的研究方向，该争论在前文"翻译方向性争议"章节中已有叙述，此处不再冗叙。

在翻译方向的理论研究中，不可忽视的是，近年来政治文化维度领域愈来愈受到关注。早期已有研究者探讨了翻译方向与民族主义之间的关系。Pokorn（2005：37）指出，逆向翻译在语言和文化上存在劣势的信念，其隐晦地以民族中心主义的角度捍卫了后浪漫主义西欧翻译概念和实践的优越性，从而先验地认为大语种群体的译者和翻译实践更优越。Robinson（2007：37）也提到，弱势文化对强势文化肯定比强势文化对弱势文化要译介得多。"一个社会，进口的文本越多就可能越不稳定；而一个社会输出的文本越多，就可能越稳定，至少和接受系统的关系越稳定。"在国内，郭松林和王晓辉（2024：92）表示，弱势文化对强势文化的译入，如同"顺水行舟"，能够顺利实现文化的接受与交流；而弱势文化对强势文化的译出，则是"逆流而上"，需要冲破强势文化的筛选屏障。针对这种情况，有研究者指出，从事汉译英的中国译者必须采用异化翻译策略，才能挑战英美的文化霸权，抵抗英美译者对汉籍进行归化翻译带来的文化改写和操纵，扭转西方译者对中国文化的误读甚至"妖魔化"，从而抵制强势文化国家的文化中心主义（龙明慧，2007：72）。此外，周宣丰和闫培香（2023：74）提出，具有自我赋权和文化政治抵抗性的"译出母语"翻译更具时代战略意义。

3.4.2　实证研究

近年来，学界对翻译方向性的研究逐渐转向以语料库分析和实验研究为主的实证研究。这些研究主要关注翻译质量、翻译策略和方法以及认知等领域。通过"硬数据"进行分析，如键盘记录、眼动追踪和fMRI技术，认知领域的实证研究已成为当下的热门方向。

翻译方向与翻译质量之间的关系是实证研究的主要探讨话题之一。葛晓华（2022：35）对2000—2021年的TBS翻译研究文献库及13种SSCI国际翻译期刊中的实证研究进行了梳理，发现共有11项研究关注翻译产品质量。Chang（2011）、Kuznik（2017）、Kuznik & Olalla-Soler（2018）、PACTE（2011）和Pavlovi̇̇ê（2007）等人的研究结果表明，正向翻译的质量高于反向翻译。而Whyatt（2019）的研究则未发现翻译方向对译文质量有显著影响。Pokorn等人（2020）通过分析112份译文，从准确性和文体质量两个方面发现，学生译者的反向翻译质量高于正向翻译质量，且其外语水平与翻译质量呈显著相关性。国内也有不少研究人员用实证研究方法，从数字口译、视译、流利度等维度探讨翻译方向与翻译质量之间的关系（施楠，2021；吴利明，2022；梁晴霞，2023等）。

研究人员在翻译方向、翻译策略和方法上进行了广泛的实证研究。研究表明，译员在译入母语和译出母语时使用的策略存在显著差异性。Jänis（2002：63）在研究意大利语与英语的翻译时发现，口译学员在译入母语（A语）时更多地使用重组策略，而在译入第二语言（B语）时则更多使用压缩和概括策略。另有研究者在汉英同传的研究中发现，译员倾向于使用省略（次要信息）、预测和增补策略；而在英汉同传时，则更倾向于使用省略（语言差异信息）、断句和重复策略（刘云柯，2018）。其中，预测（anticipation）是一种备受关注的策略。Chernov（2004：185）邀请11位专业译员进行俄语—英语的双语同声传译，发现译员在译出母语时更容易被错误线索误导，难以准确翻译出意料之外的句子，这表明他们采用了预测策略。Bartłomiejczyk（2008：124）邀请38位高年级口译学生进行波兰语译入英语和英语译入波兰语的口译实验，发现译员在译入母语时更多使用预测策略，但在译出母语时预测策略的准确率更高。

翻译是一种高度复杂的认知活动，翻译方向性视域下的认知研究主要涵盖心理行为、神经认知和认知机制等方面。20 世纪 80 年代以来，随着翻译过程研究的兴起和发展，译者认知加工机制的研究逐渐转向实证实验。这一转向推动了翻译研究从主要关注翻译产品，逐步转变为同时关注翻译产品和译者，特别是译者的认知加工过程（Angelone，Ehrensbergen-Dow，Massey，2016：43，引自冯佳，2018：9）。

　　从心理语言学维度，有学者用心理词库的研究方法探究翻译方向性和认知过程，较具有代表性的研究成果是"修正层级模型（Revised Hierarchial Model）"（Kroll & Steward，1994：158），即修正过的非对称表征模型，如图 3-1 所示。

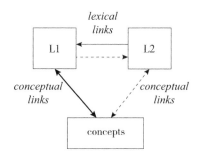

图 3-1　修正层级模型（Kroll & Steward，1994：158）

　　修正层级模型旨在解释非平衡后期双语者（late bilinguals）在词语翻译任务中从母语（L1）翻译到外语（L2）以及从外语翻译到母语时表现出的不对称性（asymmetries）。如图 3-1 所示，箭头表示连接的强度和关系。实线箭头的强度大于虚线箭头，而粗实线箭头的强度大于细实线箭头；连接关系分为词汇连接（lexical links）和概念连接（conceptual links）。修正层级模型的核心观点包括：①在词汇连接上，外语到母语的联系强度要大于母语到外语的联系强度；②在概念连接上，母语到概念的连接比外语到概念的连接强；③在双语者的外语水平发展到可以直接提取意义前，双语者的母语词汇意义通达具有优势，而外语的词汇意义提取需要母语的中介。例如，对母语为汉语的译者，在进行汉—英翻译时，母语词汇可直接与概念意义产生联系,因此源语理解速度更快,而在英—汉翻译时,要经过"英语→汉语→概念"两个转换阶段,因此源语理解速度较慢。简而言之,翻译方向存在"非对称性"现象,可以说根据译入外语(即"译出")的翻译是概念的连接,而译入母语(即"译入")的翻译是词汇的连接。

该模型在翻译方向研究中得到广泛借鉴。大多数相关研究结论支持该模型。例如,Chang(2009)在其博士论文中利用眼动追踪和功能性磁共振成像(fMRI)技术,在篇章翻译任务中对"修正层级模型"进行了扩展和验证。王非和梅德明(2017:39-41)通过隐喻词效应设计了口译在线加工实验,发现译入母语的方向更易出现词汇层面的并行加工现象。这与李婷婷(2019)的实验研究结论"受试者在英—汉交传方向上偏向并行加工",以及程喆(2017)基于英汉和西汉语言组合的同传方向对源语信息处理方式的研究结论"英—汉方向对形式的保留程度显著高于汉—英方向"一致,均支持并验证了"修正层级模型"的理论。然而,也有研究结果与"修正层级模型"相悖。例如,La Heij 等研究人员(1996:648-665)的实验发现,语义背景对译入母语翻译方向的影响大于对译入外语翻译方向的影响。他们表示,翻译方向的不对称性不是由于认知处理路径(概念中介与词语联想)的不同,而是由于概念激活(从 L2 到 L1)与词语检索(从 L1 到 L2)的相对难易程度不同所致。

有研究人员使用功能性磁共振成像(fMRI)、脑电图(EEG)和正电子发射断层扫描(PET)等技术工具,从神经认知的角度研究翻译方向性。他们发现,不同的翻译方向会导致双语者激活的脑区和神经认知加工路径的差异(Garcia, 2015:112)。在一项利用脑电图技术研究同声传译中认知过程的神经生理学研究中,研究人员发现颞叶区域在口译过程中最活跃,当口译员译出母语时,大脑右半球的激活程度更高(Petsche et al., 1993:385)。Rinne 等研究人员(2000:85)发现,译出母语时,前颞叶区域的广泛激活增加。因此,译入 B 语言可能比译入 A 语言需要更多的神经资源(Pöchhacker, 2015:60)。

翻译方向与认知机制关系的实证研究是当下的热门主题,研究可以分为几个阶段。第一阶段主要依靠有声思维法(如内省法),通过译者的口语报告数据来推测翻译方向对翻译中问题解决过程的影响;第二阶段则借助键盘记录软件(如 Translog),通过分析停顿、切分等一系列键盘活动指标,对翻译认知活动进行更客观的定量分析;第三阶段主要使用眼动追踪技术(如 remote eye tracker),以认知负荷为切入点,通过多项眼动指标(如平均注视时间、总注视时间、注视次数、瞳孔直径等),探查翻译方向对认知机制的影响,从而推测译者的注意分配情况(冯佳、王克非,2021:97)。葛晓华(2022:34)在对 2000—2021 年 TBS 翻译研究文献库及 13 种 SSCI 国际翻译期刊中的翻译方向相关实证研究进行深入分析后发现,认知学领域的实证研究通常采用两种及以上研究工具,遵循多元互证的原则。研究中使用频次最高的工具是 Translog,共有 12 项研究采用,其次是眼动仪(eye tracking)。较具代表性的多元互证研究包括探究译者在不同翻译方向中自动化加工和控制加工的认知过程及译文质量的差异(王湘玲、王律、郑冰寒,2022)、译员焦虑的认知机制结构(Jia et al.,2023),以及文本难度对译者总体注意分配的影响(冯佳、王克非,2021)。

如今,该领域的研究正向第四阶段发展,即利用人工智能技术(AI)探索不同翻译方向下的认知机制。Chang 和 Chen(2023)采用眼动研究中的机器学习方法,探索翻译方向性与抑制控制模型。他们招募了 14 名中英双语初学者进行 L1 和 L2 翻译,并记录了瞳孔测量数据。结果显示,非参数相关样本 Wilcoxon 符号秩检验验证了双向翻译过程中模型所建议的方向性影响,在文本层面上证实了"翻译不对称"。此外,结合瞳孔测量数据和分类信息,XGBoost 机器学习算法生成了一个可靠有效的模型,可预测翻译方向。

除了实验方法,语料库分析法也是探究翻译方向和认知过程的主要方法之一。一些学者批评实验研究的问题,指出严控变量的实验研究生态效度低,难以探讨自然状态下的认知活动及不同文化的影响(Pavlenko,2009:130)。因此,学界倡导"多元数据验证法(triangulation)",认为应汇聚语料库和实验数据,探讨翻译认知过程(侯林平、郎玥、何元建,2019:

71）。侯林平等研究人员（2022：116）利用"自然语料库+认知阐释"的语料库辅助认知研究法，探讨真实情境下翻译方向对专业笔译员翻译概念障碍的认知加工路径影响，并研究得出不同翻译方向对专业笔译员认知加工路径的影响总体上存在差异。

翻译方向性的研究是当今译学的根本问题之一，呈现复杂性和多维度的特点，很多研究尚未得出一致性结论。研究方法从经验式的总结走向利用科学手段的实证纵深，而认知机制的探讨是热门的主题。在认知研究领域，除了利用眼动追踪仪、键盘记录等手段，文本层面的实证量化研究也是重要的组成部分。Helle V. Dam 的"词汇异同法"和 Setton & Motta 的"质化和量化交佐法"都是基于文本分析的脱壳量化实证研究方法。本研究即利用以上两种研究方法相结合的多元互证法，探讨翻译方向、译员水平、脱壳和口译质量之间的关系。

第 4 章　研 究 方 法

4.1　Helle V. Dam 的"词汇异同法"

4.1.1　研究方法背景

Helle V. Dam 是丹麦奥胡斯大学的著名翻译学教授。早在 1998 年，Dam 首次使用"词汇异同法"研究脱壳，在期刊 *Translator* 上发表题为《交替传译中的词汇相似性与词汇相异性：基于口译结果的形式翻译与意义翻译研究》(*Lexical Similarity vs Lexical Dissimilarity in Consecutive Interpreting：A Product-oriented Study of Form-based vs Meaning-based Interpreting*) 的文章，成为释意理论实证研究领域纲领性的成果，于 2002 年收录于由 Pöchhacker 等主编、Routledge 出版的 *The Interpreting Studies Reader* 一书中。

在该研究中，Dam 邀请五位 A 语言为西班牙语，B 语言和 C 语言为丹麦语的职业译员参与实验。实验文本是以毒品政策为主题的西班牙语演讲，时长 7 分 30 秒，语速每分钟 144 个词。实验形式为交替传译。该实验假设：翻译是基于对源语文本的非言语意思的表达，只有在少数情况下才涉及源语文本的语言形式。Dam 转录交替传译目标文本，通过"词汇异同法"量化分析 482 个目标文本片段，得出与假设截然相反的结论：基于形式的译文比基于意义的译文更常见。该研究一方面佐证了脱壳的存在，即提取意义的过程；另一方面，大量源语文本语言形式的存在，又有悖于Seleskovitch"完全脱壳"的说法。

2000 年，Dam 再次使用"词汇异同"研究方法，在斯德哥尔摩的一次学术研讨会上提交了一篇题为《形式翻译与意义翻译之间的选择：源语文本难度对同声传译中目标文本词汇形式的影响》(*On the Option Between Form-based and Meaning-based Interpreting*：*The Effect of Source Text Difficulty on Lexical Target Text Form in Simultaneous Interpreting*) 的报告文章，该文章于 2001 年再次发表于期刊 *The Interpreters' Newsletter* 上。

在该研究中，Dam 邀请五位奥胡斯大学口译训练项目优秀的毕业生参与实验。实验文本来源于该项目模拟会议的演讲，演讲者为两位西班牙母语者，进行脱稿带提词卡演讲，话题分别围绕"难民与移民"和"失业问题"展开。Dam 从术语、数字、平均句子/短语长度、平均语速等维度判定源语文本 2(约 15 分钟)难于源语文本 1(约 10 分钟)。实验形式为同声传译。该实验假设：源语文本越难，译员越倾向于偏离基于意义的翻译方法，转而采用基于源语文本形式的翻译方法。Dam 转录同声传译目标文本，分别从目标文本 1 和目标文本 2 中选择 100 个连续的目标文本片段，运用"词汇异同法"量化分析选择的目标文本片段，得出与假设截然相反的结论：源语文本越难，译员在目标文本中越倾向于采用偏离其表面形式的翻译方法。该研究讨论了一个因素—源语文本难度对脱壳的影响，也对后继研究人员系统讨论其他因素对脱壳的影响提供了有益的思路。

4.1.2　研究方法操作

在该研究中，Dam 以口译结果为导向，不是"研究口译员如何处理源文本，而是研究他们译出了什么样的目标文本"(Dam, 1998)。Dam 通过引入"形式相似性"(formal similarity)与"形式相异性"(formal dissimilarity)这两个概念作为标准，来判定口译是基于形式(form-based)还是基于意义(meaning-based)。该研究仅关注词汇层面的"形式"异同，对于两种语言在音位、语形、语法、句法、词法等方面的相似度及相异度不予分析。源文本和目标文本若是具有"词汇相似性"(lexical similarity)，则说明是基于形式的翻译；若是具有"词汇相异性"(lexical dissimilarity)，则被认为是基于意义的翻译，即"词汇异同"法。而判定这种"词汇异同"的衡量标准是"形式对等"（formal equivalence），即通过判断目标文本"最接近原文语境"（closest possible contextual equivalence）的程度，来确定译文是基于形式还是基于意义的翻译。

同时，考虑到有些词汇在译文语境中没有对等词汇，而有些词汇在译文语境中存在数个对等词汇，在文本选择时，研究者考察的文本中所有词汇需在译文语境中至少有一个对等词汇。当源文文本中的一个词有多个译文词汇时，这些词汇与原文语境的相似度被认为是相同的，即具有"词汇相似性"。但是词汇相异的情况多种多样，主要分为替代（substitution）、添加（addition）和省略（omission）三种类型。替代是典型的释意，而添加是提供了源语没有的信息，因此无论添加的信息有关与否、正确与否，都是对源语的释意而非代码转译。

值得注意的是，根据 Dam 的分析标准，省略不在分析范围内。因为各种原因都有可能导致省略的情况。例如，口译员可能没有听到或听懂源语言中的某些信息；或者即使听到了，也可能迅速遗忘；又或者是因为口译员缺乏处理这些信息的能力或时间；再或者口译员认为某些信息没有翻译的必要。所以 Dam 认为省略无法反映口译员是倾向于基于意义还是基于形式的翻译，故不作分析。

Dam 将源语文本分成若干个测量片段（segments）。切分方法是以谓语动词为中心，将其与附近的词汇划分在一起，形成一个片段。因此，基本上一个分句就是一个片段，一个片段就是一个测量单位。例如，Although the global economy is showing signs of recovery/，many experts believe that/ it will take several years to fully rebound/ because the financial crisis has caused unprecedented disruptions。该例句分别以"is showing""believe""will take""has caused"四个谓语为中心，划分了四个片段。

根据"词汇相似性"与"词汇相异性"的二元对立，即"词汇异同"的分析方法，构建二元对立的目标文本分析测量模式，将目标文本片段分为相似片段（Similar segments，S-segments）与相异片段（Dissimilar segments，D-segments)。相似片段指目标语文本片段中的词汇与源语文本片段完全相似，相异片段则指目标语文本片段中的词汇与源语文本片段完全相异。此外，还存在一些混合的情况，即目标语文本片段与源语文本片段间同时存在词汇相似和相异的情况。由此衍生出相似（相异）片段（Similar (dissimilar) segments，S(d)-segments），在该种模式下目标语文本片段与源语文本片段间主要以词汇相似为主，另外存在少数词汇相异现象；相异（相似）片段（Dissimilar(similar) segments，D(s)-segments），在该种模式下主要以词汇相异为主，存在少数词汇相似现象；相似/相异片段（Similar/Dissimilar segments，D/S segments），在这种模式下词汇相似与相异各为一半。总之，为了量化词汇相似度和词汇相异度的具体分布，Dam 根据词汇相似度和词汇相异度的具体程度，将目标文本的测量单位分为 5 个类别，分别是：①相似片段（S-segments）；②相异片段（D-segments）；③相似（相异）片段（S(d)-segments）；④相异（相似）片段（D(s)-segments）；⑤相似/相异片段（D/S-segments）。

为更明确呈现，以下举例说明。源语文本（source text，ST）和目标语文本（target text，TT）的例句来自作者一项以"哈勃望远镜"为主题，英语译入中文的同声传译实验。原文取自 2015 年联合国和平利用外层空间委员会（COPUOS）大会上一位美国航天航空局（NASA）专家做的技术报告，译文由参与该大会同声传译实习的 2013 级英国纽卡斯尔大学口译硕士毕业生提供。

1. 相似片段（S-segments）

如果目标语中某片段的所有词汇元素和与之对应的源语片段（构成该目标语片段的基础）的相应词汇元素具有形式对等关系，或者是其对等词汇的变形或衍生词汇，那么这个目标语片段被称为相似片段。（Dam，1998：55-56）

ST：Hubble Space Telescope has been operating for 25 years.

TT：哈勃空间望远镜已经运行 25 年了。

以上例句为一个测量片段。该片段中源语和目标语片段中的所有词汇元素都是形式对等关系，因此这个目标文本片段是典型的相似片段。

2. 相异片段（D-segments）

如果目标语中某片段的所有词汇元素和与之对应的源语中的片段（构成该目标语片段的基础）或源语中其他任何片段（若不存在对应的源语中的片段）的相应词汇元素不构成形式对等关系，也不是其对等词汇的变形或衍生词汇，那么这个目标语片段被称为相异片段。（Dam，1998：57-58）

ST：... and learn how the universe has changed and matured over time.

TT：可以使我们看到整个星系在漫长的历史中是怎样进化的。

以上例句有三个测量片段，分别围绕三个谓语动词"learn""has changed"和"matured"。这三个片段中"learn"（直译："学习"）译为"使我们看到"，"the universe"（直译："宇宙"）译为"整个星系"，"changed and matured"（直译："改变和成熟"）两个谓语动词词汇元素译为"进化"，"over time"（直译："随时间流逝"）译为"漫长的历史中"。三个测量片段的每个词汇元素都不构成形式对等。因此这三个目标文本片段均为相异片段。

3. 相似（相异）片段（S(d)-segments）

如果目标语片段中大部分词汇元素和与之对应的源语中的片段（构成该目标语片段的基础）的相应词汇元素具有形式对等关系，或者是其对等词汇的变形或衍生词汇，而目标语中该片段的其他词汇元素不具备这一特征，那么这个目标语片段被称为相似(相异)片段。
(Dam, 1998：59)

ST：The Hubble Space Telescope has revealed new discoveries, new mysteries, and new surprises about the universe.

TT：哈勃望远镜还展示了许多不同的发现和给我们带来了许多惊喜。

以上例句为围绕谓语"has revealed"的一个测量片段。该片段中有"the Hubble Space Telescope""has revealed""new""discoveries""new""mysteries""and""new""surprises""about"和"the universe"共十一个词汇元素，根据对目标语的分析，"new"(直译："新的")译为"不同的"，源语"new mysteries""about the universe"漏译，不做分析。目标语有一处添加"给我们带来了"。所以在此片段中，共翻译了七个词汇元素，其中共三个词汇元素不具有形式对等(两处"new"为替代、一处为添加)，四个词汇元素为形式对等。因此，虽然此片段混合有词汇相似和词汇相异的情况，但是以词汇相似为主(4 vs. 3)，所以该目标文本片段为相似(相异)片段。

4. 相异(相似)片段(D(s)-segments)

如果目标语中某片段中大部分词汇元素和与之对应的源语中的片段(构成该目标语片段的基础)的相应词汇元素不构成形式对等关系，也不是其对等词汇的变形或衍生词汇，而目标语中该片段的其他词汇元素不具备这一特征，那么这个目标语片段被称为相异(相似)片段。
(Dam, 1998：60-61)

ST：... which is caused by something called"dark energy".

TT：我们利用哈勃望远镜来发现这种暗能量。

以上例句为围绕谓语"is caused"的一个测量片段。在该片段中，除了"dark energy"(直译："暗能量")在目标语中有形式对等的"暗能量"，即词汇相同的翻译，其他词汇元素的源语和目标语均为词汇相异。因此这个目标文本片段以词汇相异为主，是相异(相似)片段。

5. 相似/相异片段(D/S-segments)

> 如果目标语中某片段的大约一半词汇元素和与之对应的源语中的片段(构成该目标语片段的基础)的相应词汇元素具有形式对等关系，或者是其对等词汇的变形或衍生词汇，而目标语中该片段的大约另一半词汇元素不具备这一特征，那么这个目标语片段被称为相似/相异片段。(Dam，1998：61)

ST：Scientists use images like this to study stellar populations.

TT：科学家用上述数据来学习宇宙的知识。

以上例句为围绕谓语"use"的一个测量片段。在该片段中有"scientists""use""images""like this""to study"和"stellar populations"共六个词汇元素。其中，"scientists"(直译："科学家")、"use"(直译："使用")和"to study"(直译："学习")的目标语表达与源语为形式对等，即词汇相似。然而，"images"(直译："图像")译为"数据"，"like this"(直译："像这样")译为"上述"，以及"stellar populations"(直译："星族")译为"宇宙的知识"。此三处的目标语表达与源语不构成形式对等，即词汇相异。所以此片段中，目标语中一半的词汇元素与源语中的词汇元素达到形式对等关系，另一半为形式不对等关系(3 vs. 3)。因此，该目标文本片段为相似/相异片段。

基于词汇异同法对目标文本片段划分定性后，对五种目标文片段进行分类和量化分析，可直观计算出相似和相异片段的比例，从而初步得出目标文本是基于意译还是基于直译的翻译，即脱壳的程度。例如，Dam 在 1998 年首次使用词汇异同法分析西班牙语译入丹麦语的交替传译目标文本时，共划分了 482 个目标文本片段，分析发现相似片段(S-segments）为相异片段（D-segments）的两倍，而如果将相似片段（S-segments）与相似（相异）片段（S(d)-segments）合并，其数量占到总数的51%，而相异片段（D-segments）与相异（相似）片段（D(s)-segments）合并后的占比仅为33%。由此，Dam 分析译者在该实验文本中，相似片段使用频率明显高于相异片段，从而推翻了之前的假设：翻译是基于对源语文本的非言语意思的表达，只有少数情况下才涉及源语文本的语言形式。完成初步分析之后，还可以就脱壳的具体表现、脱壳策略、脱壳原因等维度进行进一步分析。

4.1.3 研究方法延伸

国内使用 Helle V. Dam 的"词汇异同"研究方法量化脱壳程度的研究较少，但方林（2010）在硕士论文《同声传译源语与译语词汇相似度实证研究》一文中对"词汇异同法"调整的尝试值得一提。

方林对 Dam 的研究方法主要做了以下调整：

1. 测量单位缩小

每个测量单位即是一个片段。Dam 对测量片段的切分方法是以谓语动词为中心，将其与附近的词汇划分在一起，从而形成一个片段。方林认为，进行片段切分然后再定性（判断是相似片段还是相异片段）存在模糊不清的问题，例如，按照 Dam 的定义，如果"approximately half lexical elements"（大约一半词汇元素）能找到对等词汇，则属于相似/相异片段，那么"approximately the other half"是 48%到 52%之间还是 45%到 55%之间，存在不精确的问题。因此，方林选择直接分析词汇元素（lexical elements）的相似和相异情况，而不进行片段切分。方林将词汇元素作为测量单位，以此缩小测量单位的范围。表 4-1 展示了Dam 和方林在对同一段落进行不同测量单位切分时的对比情况（灰色阴影部分为漏译处）。

表 4-1　　　　**Dam** 和方林测量单位切分方法对比（方林，2010）

Dam 以谓语动词为中心的片段切分方法	方林以词汇元素为基础的切分方法
So political it alwasys was.	The idea of using the Games as a way to show the virility of the nation,	which, of course, is a Darwinian, 19th-century notion,	still has its appeal, especially, I would say, in countries run by authoritarian governments.	I don't think it's for nothing	that the United States, to my mind, is the only democratic country	which actually consistently does well in the Olympic Games.	Most other democracies do not usually win a huge number of gold medals,	nor do they set enormous store by it, unlike, say, the now-defunct German Democratic Republic, which—always with the help, perhaps, of drugs that turned women into men—did very well in Olympic Games	and showed their national virility off, as did the Soviet Union and other autocratic countries.	Democracies do less well.		So	political	it	always	was.	The idea of	using	the Games	as a way	to show	the virility of	the nation,	which,	of course,	is a Darwinian |, 19th-century	notion	still has	its	appeal |, especially |, I	would say |, in	countries	run by	authoritarian	governments.	I	don't	think	it's	for nothing	that the United States |, to my mind	, is	the only	democratic	country which	actually	consistently	does well	in	the Olympic Games.	Most	other	democracies	do not	usually	win	a huge number of	gold medals |,	nor do	they	set enormous store by	it,	unlike,	say,	the now-defunct	German Democratic Republic,	which	—always	with the help,	perhaps,	of drugs	that turned	women	into men	—did very well	in	Olympic Games	and	showed	their	national	virility off |, as did	the Soviet Union	and	other	autocratic	countries.		Democracies	do	less	well.	

2. 测量方法简化

Dam 的研究方法是基于"词汇异同法"将文本进行片段切分后，判断片段的性质，分为相似片段、相异片段、相似（相异）片段、相异（相似）片段和相似/相异片段共五类。方林在修改测量单位后，仅基于词汇元素进行分析，将文本分为相似词汇元素和相异词汇元素两类。

3. 测量范围缩小

在 Dam 的研究中，省略不计入分析范围，但是方林将范围进一步缩小，不仅省略，错译也不计入分析。因为"译员错误翻译的原因很多，可能是译员没有听清或没有听懂源语，或者是译员来不及正确处理源语信息（如一长串的数字），或者是译员进行 Deverbalization 但没有成功，或者想将译语进行'Transcoding'但没有成功。总之，可能性很多。因此，翻译错误和信息遗漏一样不能反映译员的翻译是偏重形式还是偏重意思，所以也不应该列在测量范围之内。"（方林，2010）

4.2 Setton & Motta 的"质化和量化交佐法"

4.2.1 研究方法背景

2007 年，Manuela Motta 和 Robin Setton 使用质化和量化交佐的方法在国际口译界权威期刊 *Interpreting* 上发表题为《句法杂技：带稿同声传译的质量和信息重组》(*Syntacrobatics*：*Quality and Reformulation in Simultaneous-with-Text*) 的文章，为释意理论实证研究又一纲领性的成果。该文章联合作者 Manuela Motta 是日内瓦大学著名的口译教授，并负责管理欧洲研究委员会(ERC)的相关资助项目。另一位作者 Robin Setton，中文名为司徒罗斌，是国际会议口译员协会(AIIC)的会员，并担任上海外国语大学高级翻译学院口译系的特聘访问教授。他是当代口译研究领域的领军人物之一，他所创建的同声传译认知语用理论(Cognitive-Pragmatic Theory of Simultaneous Interpretation)被认为是近十年来同声传译研究领域的重大突破之一。

在这项研究中，作者巧妙地在标题中使用了自创的复合词"Syntacrobatics"，该词由"syntax"（句法）和"acrobatics"（杂技）组成，隐喻作者在项目中研究译者像耍杂技般地打破句法结构，即释意学说中的脱壳概念。在 2002 年至2004 年间，作者邀请了 40 位母语为法语的口译员，进行带稿同传 2 篇英文演讲。实验材料 1 是当时的联合国秘书长科菲·安南在世界卫生组织的世界卫生大会上关于抗击艾滋病毒/艾滋病的演讲，这是一篇经典的劝说性演讲，以戏剧化的方式描述了需要解决的问题；实验材料 2 是一篇书面文本朗读的演讲，同样也是劝说型，内容概述了一个增强亚欧合作的计划，旨在于 20 世纪 90 年代中期获得在新加坡举行的世界经济论坛（WEF）的批准。最终实验分析的有效录音共有 24 份，其中 13 份来自有十年以上经验的专家译员，11 份来自接受过三到四周同传训练的新手译员。由于实验材料 2 的篇幅长度适中，便于统计分析，同时其书面风格和句子结构更适合测试信息重组，因此实验分析中主要使用了实验材料 2 的数据。为评估口译质量，作者邀请了三位与学术界关系密切的专业口译员对转录的双语文本进行评分，四位母语为法语并经常使用会议口译的专业用户对目标语音频进行评分，以及通过 Cordial 文本分析器对目标语文本进行计算机分析。

该研究有三个实验假设：①经验是用户评估口译质量的良好预测指标，即译员经验越多，口译质量越好；②专家在原文语言形式上比新手更为自主，即译员越有经验，其译文脱壳程度越高；③口译质量与"自主性"之间存在相关性，可以通过一个或多个指标来衡量，即探讨口译质量和脱壳程度的关系，是否脱壳程度越高，口译质量越好。通过使用 SPSS 相关性分析、回归分析法等数学统计方法，得出结论：①支持；②部分支持（不支持脱壳的重排和重组）；③部分支持（不支持句法—语义重组）。

4.2.2　研究方法操作

在这项研究中，作者将带稿同传后的录音进行文字转录，并将源文本和译文一一对应。每页包含两到三段内容（每段按照一定的述谓关系或主谓结构切分），排列在三到四列的表格中，供评分者使用，如表 4-2 所示。

表 4-2　　提供给评分者的转录示例（Setton & Motta，2007）

Discours original	Sujet U	Sujet I	Sujet K
1 Mr. President, Excellencies, Ladies and Gentlemen,	Monsieur le Président, Excellences, Mesdames, Messieurs,	Monsieur le Président, Excellences, Mesdames et Messieurs,	Monsieur le Président, Excellences, Mesdames et Messieurs,

续表

Discours original	Sujet U	Sujet I	Sujet K
…	…	…	…
5 I have accepted Dr. Brundtland's invitation	J'ai accepté l'invitation du Dr Brundtland	J'ai accepté l'invitation du Dr Brundtland	Ce fut un grand plaisir pour moi *
6 with particular pleasure at this time,	avec d'autant plus de plaisir	avec un grand plaisir aujourd'hui	* d'accepter l'invitation du Dr Brundtland
7 because I greatly value the leadership she is giving to WHO,	que j'attache énormément d'importance à la conduite qu'elle a donné à l'OMS	parce que j'ai une grande estime pour son travail à la tête de l'OMS	car j'apprécie tout particulièrement la manière dont elle dirige l'Organisation Mondiale de la Santé

口译质量评估主要由以下三方完成：①学术界专家；②专业领域用户；③计算机。辅助评估包括用户的采访、随感以及参与者的感受。

1. 学术界专家

研究人员共邀请三位口译界学术专家，对转录后的法英对照文本(如表4-3所示)进行评分(不提供录音)。评分标准参照以下分类：①错误和薄弱，分为重大或"不透明"的错误"MaF"(也记为"X")和次要薄弱或"半透明"的错误"MiF"(包括小的或可推断的漏译"V"，小的语言错误、错误起始、犹豫、语法错误"/"，表达选择不佳或欠佳"～")。②解释和复述，表现在以下四个维度：

一类解释"E1"——娴熟的、语境化的词汇选择；

二类解释"E2"——额外连词，额外解释或衔接，额外参考说明；

一类复述"P1"——句子成分顺序重排；

二类复述"P2"——源语意义在目标语句法中重塑。

表 4-3   **专家评分分类表（Setton & Motta, 2007）**

I. Errors and weaknesses—4 types：		
Major or "opaque" errors（MaF）		
X	Major or "opaque" errors	
Minor flaws and "translucid" errors（MiF）		
V	Minor or inferrable omissions	
/	Minor linguistic errors, false starts, hesitation, solecisms	
~	Poor or weak choice of expression	
II. Elaboration and paraphrase—4 types：		
E1	Elaboration 1	Sophisticated, contextualised lexical choice
E2	Elaboration 2	Extra connective, explanatory or cohesive device, reference clarification
P1	Paraphrase 1	Reordering or sentence constituents
P2	Paraphrase 2	Recasting of source-text meaning in different target-text syntax

  在第一次试评分时，评分专家在 E 和 P 的分类计数上存在明显差异。研究人员随后对评分专家进行了进一步的培训，并对参数进行了解释和重新定义，最终得出了文本的评分。经过这些调整，评分结果显示出良好的评分者间信度（Inter-Rater Reliability，IRR），P1 和 E2 的 p 值分别小于 0.01 和 0.05。

  值得一提的是，该实验评分参数中的解释和复述的四个维度（E1、E2、P1、P2）即是 Setton 和 Motta 对脱壳程度的量化分类。在该研究方法中，脱壳程度不考虑 MaF 和 MiF，即错误、薄弱和漏译部分。

  为更清晰呈现该研究中对脱壳程度的量化分类，以下举例说明。源语文本（source text，ST）和目标语文本（target text，TT）的例句来自作者一项以"哈勃望远镜"为主题，英语译入中文的同声传译实验。原文取自 2015 年联合国和平利用外层空间委员会（COPUOS）大会上一位美国航天航空局（NASA）专家做的技术报告，译文由参与该大会同声传译实习的 2013 级英国纽卡斯尔大学口译硕士毕业生提供。

（1）一类解释"E1"（Elaboration 1）——娴熟的、语境化的词汇选择。

ST：… to celebrate our amazing universe as revealed in this amazing <u>space observatory</u>.

TT：来庆祝这个令人惊叹的<u>望远镜</u>所展示出的宇宙。

以上例句中"space observatory"直译为"空间天文站"，但是根据语境，这里的空间天文站特指"哈勃望远镜"，此处省译为"望远镜"，属于语境化的词汇选择，即 E1。

（2）二类解释"E2"（Elaboration 2）——额外连词，额外解释或衔接，额外参考说明。

ST：Here is a famous eagle Nebula image taken by Hubble in 1995 from the left. The region was re-imaged last year, as you can see on the right with the newest camera on Hubble, giving a larger region of view and more detail.

TT：这个是 1995 年哈勃照的照片中的一部分。右边是去年用哈勃最新的一个相机照的。<u>所以两个图片对比</u>，可以看出新的相机照出来的有更多的细节。

以上例句中，源语文本的隐含逻辑是对比描述 1995 年（左图）和去年（右图）拍摄的两张天鹰星云图片，对比之下，用哈勃望远镜拍摄的最新图片视野更大、细节更多（giving a larger region of view and more detail）。但是，源语中并没有显性表述"图片对比"，而目标语译文中译者添加了"所以两个图片对比"，属于额外的解释说明，使逻辑更清晰明了，即 E2。

（3）一类复述"P1"（Paraphrase 1）——句子成分顺序重排。

ST：This is the butterfly Nebula and the image of the outer layer of an older star as being dramatically ejected <u>as the star becomes unstable</u>.

TT：这是一个非常美丽的星云，我们看到<u>由于变得不太稳定</u>，老年恒星的外层会射出去。

以上例句中，源语文本中的"as the star becomes unstable"（直译为"随着恒星变得不稳定"）位于句子末尾，但在目标语文本中，译者将其调整到第二个分句的句首，译为"由于变得不太稳定"。这种调整后的语序更符合汉语语义重心在后、次要信息在前的语言特征。因为"由于变得不太稳定"是条件从句，属于次要信息，前置更为地道，所以此处为句子成分顺序重排，即 P1。

　　（4）二类复述"P2"（Paraphrase 2）——源语意义在目标语句法中重塑。

　　ST：With the clear views and sharp images of Hubble, we see spectacular beauty and detail and images.

　　TT：哈勃望远镜有非常高的分辨率，能够非常细致地观察到太空中令人惊叹的美感和景象。

以上例句中，源语的主语是 we（直译"我们"），"with"引导的分句是状语成分，用来说明句子的背景或条件。源语若基于结构可直译为"凭借哈勃望远镜的清晰视野和锐利图像，我们看到了壮丽的美景和细节"。但是，目标语译文对句子主谓结构进行重塑调整，将"哈勃望远镜"作为主语，源语中主句"we see … "译为宾语补足语，补充说明"哈勃望远镜有非常高的分辨率"这一主语部分的功能和作用。所以，此处句子是源语意义在目标语句法中的重塑，即 P2。

　　总之，Setton 和 Motta 使用解释和复述的四个维度（E1、E2、P1 和 P2）来量化目标语文本脱壳的程度，并邀请三位学术界专家基于评分分类表（表 4-3）对转录后的法英对照文本进行计数评分。

2. 专业领域用户

　　研究人员邀请了四位母语为法语的专业会议口译用户对目标语音频进行评分，他们常驻于国际组织，并从事贸易、社会事务、教育和人权等领域的工作。

　　评分表主要由三个部分组成：总体质量（User Quality）"UQ"，传达性（Communicativity）"UC"和语言质量（Language Quality）"UL"，每项按照 1—10 分评分。同时，评分者可以圈出或勾选正面、负面或中性的关键词（如"清晰度""连贯性"或"表达"等常见的质量参数），或添加评论来解释他们的评分。

专业领域用户组的评分显示出满意的评分者间信度(所有参数的 p 值均小于 0.01)。

表 4-4 是 Setton 和 Motta 的研究中,材料 2 文本中专业领域用户质量评分和六个"最佳表现者"的逐项平均成绩情况表。

表 4-4　材料 2 文本中专业领域用户质量评分和六个"最佳表现者"的
逐项平均成绩情况表(Setton & Motta, 2007)

Best Performers (WEF text)			X	V	/	~	V+/ +~	E1	E2	E1+E2	P1	P2	P1+P2	E+P
UC	UL	UQ	av	av	av	av	av	av	av	av	av	av	av	av
W	9.5	9.7	9.5	1	3	8	4	14	**18**	13	30	1	6	7	37
Q	9.0	9.2	9.2	2	10	10	**20**	40	8	10	19	1	14	14	33
N	8.8	8.3	9.0	2	5	13	18	35	12	13	25	1	3	4	29
Y	8.7	8.8	8.8	3	**35**	14	11	**59**	14	**28**	**42**	0	14	14	**56**
U	8.3	8.3	8.3	5	21	14	**23**	58	8	21	29	2	9	11	*40*
D	7.8	7.8	8.2	**11**	**32**	**27**	**25**	**84**	3	19	22	0	12	12	35

3. 计算机

研究人员将口译目标语文本导入 Cordial(文本分析器)进行分析,收集并列出了文本表面特征的相关值,如字数、句子的数量、平均长度、内容词与功能词的百分比、连词(并列和从属)出现频率等。

随后,研究人员对以上三方收集的评估数据进行数学统计分析。

(1)回归分析。通过回归分析,可以利用多元数据找出最能决定因变量的两个或多个自变量。该分析方法需要确定变量之间的因果关系,找出多元自变量中与因变量因果关系最明确且相关性最强的自变量,并用数学模型来表示它们之间的具体关系。

例如，根据 Setton 和 Motta 的研究，回归分析得出"重大错误"（X）是专业领域用户对两篇文本总体质量评分的高度显著（负）预测因素，尤其对文本 2（文本 2：$p < 0.0001$；$r = 0.759$，调整后的 $r^2 = 0.556$）；词汇解释（E1）和增加的语用连贯性（E2），是专业领域用户对两篇文本总体质量评分的弱显著次要预测因素（文本 1 中，E1 的 p 值 < 0.05，文本 2 中，E1 的 p 值 < 0.01；仅文本 2 有 E2，$p < 0.05$）。

（2）相关性分析。相关性分析是一种统计方法，用于研究现象之间是否存在某种依赖关系，并探讨具有依赖关系的现象的相关方向和相关程度。其目的是衡量变量之间线性关系的强弱，是研究随机变量之间相关关系的一种手段。

在 Setton 和 Motta 的研究中，对多组随机变量之间的关系进行了相关性的统计分析。例如通过解释（E1+E2）和专业领域用户总体质量（UQ），得出正相关关系（Pearson 0.68，$p < 0.01$），并且 E1 比 E2 贡献更大，继而部分证明假设 3：脱壳程度越高（词汇和语用处理层面），口译质量越好；通过信息重组（P1+P2）和专业领域用户总体质量（UQ），得出无显著关系（Pearson 0.18），无论是 P1、P2，还是两者的总和（P1 + P2），都未能显示出与 UQ 的显著关系，从而部分不支持假设 3：脱壳程度越高（句法和语义层面），口译质量越好；通过经验和解释，得出专家比新手使用更多解释，专家在文本 2 中的 E1 比新手多出两倍以上（+128%），在文本 1 中多出 48%。专家和新手在两个文本中 E2 大致相同，继而部分支持假设 2：专家在原文语言形式上比新手更为自主（词汇处理层面）。

综上所述，Setton 和 Motta 使用质化和量化交佐法，用解释和复述的四个维度量化脱壳的程度，研究了译员经验、口译质量与脱壳之间的关系。

4.2.3　研究方法延伸

有研究人员引用 Setton 和 Motta 的研究方法开展了脱壳的相关研究，其中孙海琴（2012）在其博士论文《源语专业信息密度对同声传译"脱离源语语言外壳"程度的影响》中研究了专业信息密度和脱壳之间的关系，以及交佐研究口译质量和背景知识与脱壳的关系。其在研究方法上，主要进行了以下几个方面的调整：

（1）脱壳量化参数。Setton 和 Motta 将脱壳量化为四个维度：解释（E1、E2）和复述（P1、P2）。孙海琴在考虑了英汉语言组合与印欧语言组合之间的差异后，对脱壳量化参数进行了调整，并从以下四个方面开展了研究：

①句子顺序重组；

②解释（无对应表达的处理、修辞手法、文化概念等的处理）；

③添加、删除或转化连接词；

④词汇与表达的创造性（单词和表达少用标准对应词，而是根据语境自由表达）。

（2）口译质量评估。在 Setton 和 Motta 的研究中，口译质量评估主要由三方完成：学术界专家、专业领域用户和计算机，而在孙海琴的研究中，评分者为以下三类人员：

①IT 技术人员（IT technical personnel）；

②IT 公司专职口译员（in-house interpreter in IT companies）；

③长期从事口译员实践和教学的口译专家（experts of interpreting）。

可以说①类和③类基本与 Setton 和 Motta 研究中的"专业领域用户"和"学术界专家"对应，而调整的一类评估方是 IT 公司专职口译员，即相关文本中其他专业译员的评分。

除了口译质量评估人员的不同，孙海琴在评估方法上也作了一些调整。在 Setton 和 Motta 的研究中，学术界专家主要对两类参数进行计数评分（见表 4-5），而专业领域用户则基于评分表中的三项（总体质量、传达性和语言质量）进行 1—10 分的评分，并通过计算机处理文字特征等参数信息。在孙海琴的实验中，研究人员自行对脱壳程度的四个类别进行计数，而①、②、③三类评分者则均使用同样的同传评分表，基于八个参数进行 1—5 分的评分。评分表更加细致，如表 4-5 所示：

表 4-5   同声传译质量评分表（孙海琴，2012）

评分参数	声音悦耳	普通话准	术语正确	表达流畅	意思准确	信息完整	逻辑性强	中文自然
各项打分 1—5								
总分 1—5								
评语								

4.3   适用于本研究的研究方法

口译释意理论的核心观点是脱壳。近年来，越来越多的实证研究利用眼动追踪仪、键盘记录、脑电图等技术手段，探索口译的认知过程。部分研究验证了脱壳过程的存在，对于脱壳程度的量化、脱壳后的表达类型，回归文本的实证研究仍是有益的补充。

Helle V. Dam 的"词汇异同法"和 Setton & Motta 的"质化和量化交佐法"都是基于文本来实证研究释意学说脱壳的方法。Helle V. Dam 将源语文本以谓语动词为中心进行意群切分，分成若干个测量单位，再结合目标语文本对这些单位进行定性分析，分为相似片段、相异片段、相似（相异）片段、相异（相似）片段和相似/相异片段，最后统计五类片段的占比，得出文本脱壳程度的具体数值。Setton & Motta 的"质化和量化交佐法"则将目标语文本分为四类进行脱壳量化：解释"E1"（Elaboration 1）——娴熟的、语境化的词汇选择；解释"E2"（Elaboration 2）——额外连词，额外解释或衔接，额外参考说明；复述"P1"（Paraphrase 1）——句子成分顺序重排；复述"P2"（Paraphrase 2）——源语意义在目标语句法中重塑。随后对 E1、E2、P1 和 P2 的数值进行统计，得出脱壳程度和脱壳表现的分布情况。

本研究旨在探索在中英和英中两个翻译方向下，不同经验水平的口译员在同声传译中对意义理解和自由表达的差异。具体而言，研究关注不同水平的同传译员在不同翻译方向下的脱壳程度和表现差异。因此，本研究参考 Helle V. Dam 的"词汇异同法"和 Setton & Motta 的"质化和量化交佐法"相结合的多元互证法，以验证这两种文本分析方法在脱壳程度上的一致性，并具体探讨脱壳后的自由表达形式。此外，研究还将对各个因素（翻译方向、译员水平、脱壳程度、口译质量）进行相关性分析。

第 5 章　实验过程

5.1　研究问题和假设

基于对口译释意理论的文献回顾，发现释意学派主张译入母语，是西方翻译理论中"母语原则"的代表。然而，关于译入母语和译出母语的优劣，学术界仍存在争议，并缺乏足够的实证研究支持。释意学派认为"脱壳"是口译的核心，但是否能如其所说完全脱壳，以及脱壳程度是否受翻译方向、译员经验等因素影响，仍有待探讨。根据修正层级模型，译入 A 语和译入 B 语的翻译存在不对称性，即 A—B 是意义的连接，而 B—A 是词汇的连接。该模型的观点与释意理论中强调意义脱壳的观点有所冲突。根据笔者的教学经验，口译初学者往往认为译入 B 语更简单，因为理解上的认知负荷较小；而在译入 A 语时，他们常常担心"听不懂原文"，因此更加焦虑。然而，积累了多年经验的职业口译员通常对译入 A 语更有信心，语言表达也更加地道、流畅。这是否表明译员的经验会影响他们在两种翻译方向上的脱壳程度和表现，以及是否存在口译质量的差异，值得进一步研究。

基于释意理论和翻译方向性相关研究，以及对 Helle V. Dam 和 Setton & Motta 的脱壳量化研究方法的回顾，本实验设定了两个自变量：翻译方向（英译汉、汉译英）和译员经验（经验丰富、经验欠缺）。因变量为脱壳程度和口译质量，旨在分析因变量在不同自变量影响下所产生的互动关系。为此，本实验将探讨以下研究问题：

（1）翻译方向性是否影响译员在同声传译时对源语信息的处理方式？不同翻译方向下是否存在脱壳程度的"非对称性"？

(2)具有不同经验水平的译员在同声传译时对源语信息的处理方式是否有差异？译员经验越丰富，是否越能驾驭意义的理解和自由表达，从而使目标语的脱壳程度更高？

(3)翻译方向性是否对口译质量产生影响？译入母语的同声传译质量是否更高？

(4)在不同翻译方向下，译员经验是否对同声传译的口译质量产生影响？译员经验越丰富，译入母语的同声传译质量是否越高？

(5)译员对源语信息的处理方式与口译质量之间是否存在关系？脱壳程度越高，口译质量是否越好？

根据相关文献的回顾以及笔者的口译和教学经验，针对以上研究问题，笔者就开展的中英语言组合的同传实验提出以下实验假设：

(1)在不同翻译方向的同传中，译员的脱壳程度存在"非对称性"。当译入母语时，译员对词汇形式的记忆较多，导致脱壳程度较低；而在译入外语时，译员更倾向于记忆概念，表达更加灵活，因此脱壳程度较高。总体而言，译员在译入母语时的脱壳程度低于译入外语时的脱壳程度。

(2)经验丰富的译员更能驾驭意义的理解和自由表达，在两个翻译方向上的脱壳程度均比缺乏经验的译员的脱壳程度高。

(3)不同翻译方向对同传的口译质量产生影响。译员在译入母语时，口译质量更高。

(4)经验丰富的译员在同传时的口译质量更好，且在译入母语时表现更佳；而缺乏经验的译员在译入外语时表现更好。

(5)译语的脱壳程度与同传的口译质量呈正相关，即脱壳程度越高，口译质量越好。

5.2 实验过程设计

5.2.1 实验研究方法

口译理论的研究方法有多种分类。根据鲍刚（2005：7-12）对口译理论基本研究方法的划分，共有 10 种研究方法：经验总结法、归纳思辨法、内省法、黑箱法、现场观察法、调查法、原译语资料分析法、口译模式设定法、实验法和跨学科借鉴法。

本研究采用了实验法。然而，鉴于口译工作的特点，口译实验研究并不是严格意义上的实验研究方法，难以严格操纵和控制所有变量。因此，更准确地说，本研究采用的实证实验研究方法属于"半实验性"（quasi-experimental）范畴（Gile，2016：225），尽量保证实验的生态效度（ecological validity），在真实、自然的实验环境（naturalistic settings）中收集数据。例如，测试音频的发送方式是通过即时通信工具或邮箱在线发送，并要求被试在指定时限内提交完成。一方面，考虑到新冠疫情期间及其之后，在线会议数量剧增，包括笔者在内的口译员收到越来越多客户的需求，需要为提前录制好的音视频进行同声传译或听译制作字幕，以供在线会议播放或现场会议在线连线播放。客户音视频的发送方式通常采用微信或邮箱，而口译任务的提交也是通过同样的渠道。因此，这种数据收集方式使被试能在接近真实工作环境的条件下完成实验。另一方面，口译的认知加工涉及众多变量，将实验音频发送给被试自行录制，不可避免地会出现难以严格控制的变量，如不同的工作环境是否对结果有影响，以及译员是否会多次录制从而影响译员经验这一因素的结果。由于口译实验研究很难构建出纯净的实验条件，因此，在系统性理论提出之前，半实验性的探索式实验研究仍然发挥着不可低估的重要作用（冯佳，2018：80）。

同时，本研究采用了"多因素实验设计与多元统计相结合"的方法，契合了当前口译研究的综合性和跨学科性特点。在实验过程中，尽可能纳入更多的变量，并尽量控制无关变量的影响。同时，借助 SPSS 等多元统计方法，对复杂的数据进行统计分析，以确保研究结论的可靠性。

5.2.2 实验设计

本研究采用多因素实验设计，涉及的自变量包括翻译方向和译员经验，因变量包括译员的脱壳程度及口译质量。其中，翻译方向分为"译入母语(英译汉)"和"译入外语(汉译英)"两个水平,译员经验分为"丰富的"和"缺乏的"两个水平。在本实验中,被试分为经验丰富和经验欠缺的两组译员。每位被试完成两个翻译任务,分别是同声传译译入母语(Text 1)和译入外语(Text 2)。

对于因变量译员脱壳程度的测量,宏观上,首先借鉴 Helle V. Dam 的"词汇异同法",对源语文本进行测量片段的切分,并对目标语文本的片段进行定性,得出目标语文本相似片段、相异片段、相似(相异)片段、相异(相似)片段和相似/相异片段的数值和占比,相似片段和相似(相异)片段占比越高,表明目标语文本基于形式(form-based)的片段越多,即脱壳程度越低;反之,相异片段和相异(相似)片段占比越高,表明目标语文本基于意义(meaning-based)的片段越多,即脱壳程度越高。从而在宏观上得出目标语文本的脱壳程度比例。微观上,基于 Setton & Motta 的"质化和量化交佐法",对目标语文本的脱壳表现进行具体分类,在转写稿中标识:解释"E1"(Elaboration 1)——娴熟的、语境化的词汇选择;解释"E2"(Elaboration 2)——额外连词,额外解释或衔接,额外参考说明;复述"P1"(Paraphrase 1)——句子成分顺序重排;复述"P2"(Paraphrase 2)——源语意义在目标语句法中重塑。从而从微观上探讨译员脱壳时自由表达的具体情况。

同时,口译质量的可接受性是观察译员脱壳情况的前提条件。脱壳的核心在于译员已经充分理解了讲话者的意思,并能够脱离源语的语言结构和词汇,将其用目标语准确传达。因此,脱离源语意义或进行错误表达的内容,即使脱壳程度再高,也只是译员的主观创作,缺乏研究意义。因此,笔者邀请了在高校从事口译教学并兼职从事市场同传口译的专家,对被试的目标语译文进行口译质量评估。评估标准参考 Setton & Motta 研究中的口译质量评估表,从总体质量(Overall Quality)、传达性(Communicativity)和语言质量(Language Quality)三个方面进行 1—10 分的评分。这将有助于探讨翻译方向、译员经验和脱壳程度与口译质量之间的关系。

总体而言，本研究旨在探讨在不同翻译方向下，具有不同经验水平的口译员在处理源语信息方式上的差异，以及这些差异对口译结果的影响。实验数据收集后，将使用多元统计方法和大型统计软件（如 SPSS）对数据进行处理和分析。

5.2.3　实验对象

为了确保实验对象的专业素质和控制实验变量，本研究选择的被试口译员均需具备系统训练背景，能够熟练地完成同声传译任务。选用初学者或未经过专业训练的双语人士，可能会引入能力偏差，影响结果的准确性。同样地，选择虽接受过专业训练但未从事相关工作的译员，也会影响结论的信度。为此，笔者邀请的实验对象均为英国纽卡斯尔大学中英口笔译硕士专业（Translating and Interpreting MA）两年制课程的毕业生。纽卡斯尔大学现代语言学院的翻译研究项目被公认为全球领先的高级翻译培训项目之一，其口笔译课程涵盖交替传译（Consecutive Interpreting）、视译（Sight Translation）、同声传译（Simultaneous Interpreting）、远程口译（Remote Interpreting）、本地化实践与理论（Localisation：Practice and Theory）等领域。这些毕业生均经过系统的同声传译训练，且在市场上获得广泛认可，当前皆从事与口译相关的职业。

本研究的被试均为汉语为母语、英语为第二语言的口译员，并分为两组。第一组为"经验丰富"的译员（组 1），包含五位成员：其中四位为 2015 届毕业生，一位为 2014 届毕业生。四位译员从事自由职业，主要工作地点（base）包括北京、上海、南京和武汉；另一位译员则在北京担任全职口译员，主要负责同声传译和交替传译，同时也兼做笔译工作。这五位译员均拥有八年以上的口译经验。第二组为"经验欠缺"的译员（组 2），同样由五位成员组成：其中四位为 2023 届毕业生，一位为 2022 届毕业生。在这组中，两位为全职口译员，两位为自由职业译员，另一位为高校口译教师。该名教师在从事教学工作的同时，也兼职市场口译工作。组内其他四位译员的日常工作以同声传译和交替传译为主，兼顾笔译。这五位译员的口译经验均在三年以下，主要工作地点包括上海、成都、武汉和杭州。

鉴于当前国内专业同声传译员主要由自由译员、高校教师和公司全职口译员组成，本研究的样本具有一定的代表性。此外，参与本实验的十位被试中，女性占八位，男性占两位。这一性别比例反映了当前同声传译市场中女性占主导地位的实际情况。

5.2.4　实验文本

在翻译方向性研究中，实验文本的选择至关重要，需尽可能保证译入语与译出语文本的可比性，以确保实验的信度和效度。在文本选择过程中，应综合考虑语对、语域、文本类型及文本难度等多个变量因素，尽量控制这些变量对研究结果的影响（Al-Salman & Al-khanji，2002；Gile，2005；Kalina，2005）。

本实验选择的中文演讲题目为"不要让教育消耗孩子们的感受力"（节选时长 5 分 56 秒），由深圳一所高中的语文教师赵查主讲。演讲中，赵查探讨了孩子们感受力逐渐丧失的问题，并分享了他组织学生在课堂上寻找深圳秋天的实际案例。英文演讲题目为"课堂应该由学生主导，而不是由老师主导"（Students need to lead the classroom, not teachers）（节选时长 6 分 05 秒），由美国佛蒙特州一所高中的哲学教师 Katherine Cadwell 主讲。她在演讲中提出了学生好奇心的消失问题，并探讨了以学生为中心的教学方法。本研究的实验音频文本选材遵循以下基本原则：

第一，为确保实验的生态效度，选择了较为完整的语篇或段落，而非孤立的句子。实验所使用的音频均来源于 TEDx Talks 平台的真实演讲录音，仅进行了段落的节选和少量删节，未对演讲内容进行修改或重新录制，以尽可能模拟日常翻译任务中的真实情境。

第二，确保实验文本主题的一致性。本文所选的中文和英文演讲均来自 TEDx Talks 平台。TED（即 Technology，Entertainment，Design 的缩写）是一家以组织学术研讨会著称的私营非营利机构，致力于传播能够改变人们世界观的优秀思想，从而促使人们反思自身行为。尽管 TED 演讲的主题最初集中于技术、娱乐和设计，但现如今已涵盖教育、发展、文化等广泛领域。TEDx 项目是 TED 于 2009 年发起的一项计划，旨在鼓励全球热爱 TED 大会的民众自发组织 TED 风格的活动。在本实验中，中文和英文的演讲者均为高中教师，他们的演讲主题均围绕课堂教学方法展开，通过个人经历的分享，探讨如何应对学生出现的问题（中文演讲：感受力的丢失；英文演讲：好奇心的缺失）并提高教学质量。因此，这两个演讲在主题和体裁上具有较强的对等性。

第三，实验文本的音频时长合适。中文实验音频时长为 5 分 56 秒，英文实验音频时长为 6 分 05 秒。在同声传译的实际工作中，译员和搭档通常每 10~20 分钟进行一次切换。鉴于实验需要被试完成两个音频，单个音频的时长不宜过长，均为 6 分钟左右，避免因疲劳而引入新的变量。

第四，实验中所使用的音频文本的讲者均无明显口音。已有研究表明，非母语讲者的口音可能会对口译员的信息处理和语言表达产生影响。例如，如果发言人口音怪异含混，可能会导致同声传译过程中出现拖延等不流畅的现象（刘剑、陈水平，2020：109）。在本实验中，中文音频的讲者为深圳一所高中的语文教师，母语为汉语，发言清晰且普通话标准；英文音频的讲者则是美国佛蒙特州一所高中的哲学教师，母语为英语，其发言为标准且清晰的美式英语。因此，本实验排除了发言人口音对口译员可能造成的干扰因素。

第五，实验文本的音频语速适中。在语言结构差异较大的情况下，过快的语速会给口译员带来较大压力，而过慢的语速则可能导致口译员在信息存储方面遇到困难（Kirchhoff，1976/2002：13）。关于"正常语速"的定义，学术界尚未达成统一标准。通常，语速以每秒音节数（SPS）或每分钟单词数（WPM）来衡量。在本实验中，中文演讲的字数为 1100 字，语速为 185 WPM；英文演讲的单词数为 783 个，语速为 128 WPM。根据国际会议口译员协会（AIIC）在 www. aiic. net 上发布的研究，英语文本的理想语速为每分钟 100—120 个单词，而中文文本的理想语速为每分钟 150—180 个汉字。本实验中的英文演讲语速和中文演讲语速均略高于理想范围。实验结束后，笔者采访了十位被试，他们普遍认为两个实验音频的语速适中，其中两位认为语速稍慢。鉴于实验音频源自真实演讲，且被试均为专业口译员，因此可以认为实验音频的语速适中，不会引入过快或过慢的语速变量。

第六，控制译员对话题了解程度这一变量。译员的背景知识可能成为影响口译表现的混淆因素。因此，实验中的中文文本和英文文本选择了译员普遍熟悉的教育话题，以减少因背景知识差异导致的个体表现差异。中文演讲内容探讨了如何激发学生的感受力，改变教学思路和方法，并描述了一堂关于寻找秋天的教学活动；而英文演讲则讨论了改变灌输式和以结果为导向的教学方式，介绍了一种以学生为中心重新设计的教学活动。

第七，控制语料信息密集度，确保中文实验演讲文本和英文实验演讲文本具有可比性。Gile（1995：173）指出，高信息密度常常是口译过程中问题的主要来源。为了避免信息密度影响译员的口译脱壳过程，确保实验结果的可靠性，笔者在实验前对两篇实验文本的信息密度进行了比较，以排除信息密度对口译脱壳阶段的干扰。语篇的记忆基于命题（proposition）这一最小意义单位，因此，语言信息密度的量化分析可以通过计量命题数量来进行。在口译研究中，已有许多学者采用这一方法（王纯磊，2014；郭靓靓，2011；孙海琴，2012 等）。需要注意的是，"命题"数量并不与语法结构或单词数量直接对应，不能简单地以句子或从句的数量来衡量（张巍然，2002：51）。参考孙海琴的方法，在量化"命题"时，需要找到相关语言符号间的"述谓关系"，以完成"逻辑分句"的划分。同时，根据英语中的"Normalization"与"主谓关系"，识别出可操作的"命题"单位，包括带有述谓关系的逻辑成分（如非谓语动词结构、名词化成分、独立主格结构等）和具有主谓结构的分句。

例1（引自张巍然，2002：51）：The boy came running to her, flushed with health, singing, his bundle of school books hanging by a thong.

命题1：The boy came running to her

命题2：The boy was flushed

命题 3：The boy was healthy

命题 4：The boy was singing

命题 5：The boy's bundle of school books was hanging by a thong

例 2(引自程喆，2017：63)：新兴市场国家和发展中国家崛起已经成为不可阻挡的历史潮流。

命题 1：新兴市场国家和发展中国家崛起

命题 2：崛起成为历史潮流

命题 3：历史潮流不可阻挡

笔者按照这一命题划分方法对两篇实验文本进行信息密度量化分析，得出中文实验文本包含 133 个命题，英文实验文本包含 136 个命题。通过计算信息密度(信息量/命题量÷时长)，得出以下结果：中文实验文本的信息密度为 22.42，英文实验文本为 22.35，两者的信息密度基本一致。以下是两个实验文本的命题划分示例：

例 3：于是那一节课，我就带着孩子们去户外寻找秋天的证据。

命题 1：我在那一节课

命题 2：我带孩子们去户外

命题 3：我们去寻找秋天的证据

例 4：Despite recent efforts at school redesign, many high school students are in classrooms where they are being asked to absorb massive amounts of information and then regurgitate it back on a test.

命题 1：Despite recent efforts have been made at school redesign

命题 2：Many high school students are in classrooms

命题 3：Students are being asked to absorb information

命题 4：The information is massive in amounts

命题 5：Students then regurgitate it back on a test

第八，两个翻译方向的实验文本难度(text difficulty)具有可比性。确定难度可比的源文本是翻译方向相关研究中必须应对的挑战之一(Chang，2009：68；Pavlović & Jensen，2009：95)。在本研究中，文本难度的可操作定义为文本的复杂程度。需要注意的是，文本难度(text difficulty)并不等同于文本复杂程度(text complexity)。文本复杂程度是对文本难易度的客观描述，而文本难度则带有主观性。本研究采用了主观和客观相结合的方法来评估两个翻译方向的实验文本难度。

在主观评估方面，实验结束后，笔者对十位参与者进行了关于难度问题的访谈，并收集了以下反馈(表5-1)。

表 5-1　　　　　　　　　　实验后译员对文本难度反馈的采访

组别	实验文本难度反馈
组 1 (经验丰富)	"整体难度中等，CE 里有只螳螂趴在树叶上呈起跳姿势一类的，翻起来没那么生动。" "整体难度偏简单，不过 CE 刚上来我会有点没有 context，所以可能 evs 会长一点。" "整体难度中等，差不多难度。但觉得中到英直译表达很怪，所以需要多用力一点。但是英到中的话直译就可以，所以用脑会少一点。" "作为公开演讲，两个都偏慢，但是觉得中进英难些。" "两段总体都一般。英中稍微难一点，不过总体意思能够把握，部分细节来不及反应。"
组 2 (经验欠缺)	"我个人 EC 要弱一些，所以觉得 EC 难一些。其实应该是难度相同的。" "整体来讲难度一般，比较而言 EC 相对难一点，不过差别不大。" "我的英语听辨处理能力比较弱，相比觉得 EC 难一些。" "EC 比较难。" "我觉得难度大致相同，感觉一般。"

根据被试的主观反馈，总体上难度差异不大，但有趣的是，大部分组 1(经验丰富)的被试，除一位表示"英中较难"，都认为译入外语的母语文本较为困难，而大部分组 2(经验欠缺)的被试，除一位表示"难度大致相同"，都认为译入母语的外语文本较为困难。关于这两种翻译方向上对文本难度的主观感受是否会影响口译的脱壳和质量，后续章节将基于实验数

据进行进一步分析和讨论。

在客观评估方面，本研究参考 Jenson（2009：63）的建议，考虑中英文可比性问题，通过"测量文本可读性公式结果""计算含有非字面意义表达的数量"这两个方面来判定汉语和英语实验文本的复杂程度。

不可否认，欧美国家的分级标准体系已相对完善，而汉语难度分级体系的研究则起步较晚。然而，在二语文本可读性量化分析领域，国内学者已经取得了一定的进展（程勇、董军、晋淑华，2023：98）。所谓可读性公式，是指"针对某种阅读文本，将所有影响阅读难度的、可量化的因素（尤其是文本因素）综合起来，制定的一个评价文本难易程度的公式"（王蕾，2008：47）。目前，国内较具有代表性的文本难度评估工具有周小兵教授等人开发的"汉语文本指难针"和孔子学院总部/国家汉办研发的"国际汉语教材编写指南"①评价工具。然而，这两种评估方法主要面向国际汉语教育，其语料库来自非母语者使用的汉语教材，目标学习者为二语学习者。考虑到本实验的被试均为母语为汉语的译员，使用针对二语学习者的文本难度评估工具可能会导致结果出现偏差，因此，笔者选择了另一种难度分级评估工具——"汉语学习资源检索与分析平台"②。该平台提供了"母语汉语"和"对外汉语"两种文本阅读难度的评估方法。笔者对实验文本进行了测试，并使用"国际汉语教材编写指南"评价工具进行验证，得出了以下结果（见表 5-2）：

表 5-2　　　　　　　　中文实验文本可读性公式测量结果

评估工具	评估结果	对应年级
汉语学习资源检索与分析平台"母语汉语"	12.161 初中学段	初中

---

① 官网为：http://www.cltguides.com/user/my-text！analysis.action.

② 官网为：http://120.27.70.114：8000/analysis_a.

评估工具	评估结果	对应年级
汉语学习资源检索与分析平台"对外汉语"	2.4604 五级难度	高中
国际汉语教材编写指南	1—5 级字等级累计分布：96.55% 1—5 级词等级累计分布：83.63%	中级成年教材 （高中/大学）

　　根据表 5-2 可以看出，针对非母语学习者的汉语国际教育文本难度评估方法中，"国际汉语教材编写指南"和"汉语学习资源检索与分析平台'对外汉语'"对本研究中的中文实验文本评级较高，均将其定为高中水平。相较之下，"汉语学习资源检索与分析平台'母语汉语'"的评级为初中难度。因此，使用二语习得者的文本难度可读性公式，难以准确反映母语为汉语的译员在处理这些文本时所面临的实际难度。

　　本研究采用了"汉语学习资源检索与分析平台"的"母语汉语"评估方法来分析实验文本的难度。该平台由程勇等研究人员开发，其"母语汉语"模块使用的多元线性回归模型和方程已发表在《语言文字应用》学术期刊上（程勇、徐德宽、董军，2020）。这一模型基于一个较大规模的中文分级阅读文本语料库而设计，该语料库涵盖了十余家出版社出版的小学一年级至高中三年级的语文课文，并将课文所属年级作为文本难度级别的标准。模型分析了汉字、词汇(包括词义、词性、词形)、句子和篇章等多个层面的因素，这些因素是影响文本难度级别变化的关键。在本研究中，通过该平台的"母语汉语"评估方法对实验文本难度进行了评估，结果显示该文本的难度位于初中学段水平，具备一定的效度。

　　文本可读性研究最早起源于美国，目前欧美国家已经建立了较为完善的分级标准体系。在测量英文实验文本难度时，本研究参照了相关文献中推荐的三种可读性公式，这些公式能够将测量结果对应到美国教育体系中的年级水平(Jensen，2009；Hvelplund，2011；冯佳，2018)。这三种可读性公式分别是：the Automated Readability Index(简称 ARI)、the Flesch-Kincaid

Index 和 the Coleman-Liau Index。本研究基于以上三个公式得出以下结果（见表 5-3）：

表 5-3   英文实验文本可读性公式测量结果

评估工具	评估得分	对应年级
ARI	9.29	9th Grade
Flesch-Kincard Index	8.4	8th & 9th Grade
Coleman-Liau Index	8.54	8th, 9th & 10th Grade

从表 5-3 可以看出，使用这三种可读性公式测得的英文实验文本难度对应的年级范围为八年级到十年级，三个评估得分的均值为 8.74。根据 ARI 评分标准，得分在 8 到 9 之间的阅读年龄为 13~14 岁，对应的年级为八年级，属于初中水平。根据 Flesch-Kincaid 评分标准，得分在 6 到 9 之间的阅读水平被定义为"中等"，适合 11~14 岁的学生，对应的学校水平为"初中"。根据 Coleman-Liau 评分标准，得分在 6 到 9 之间的文本难度被视为"容易"，对应的年级同样是"初中水平"。由此可见，基于三个可读性公式得出的均值 8.74，按照各自的评分定义，都属于初中水平。

通过使用可读性公式分别测量中文和英文实验文本的难度，结果显示两者均属于初中水平。不可否认，可读性公式的评估基于阅读文本，因此不可避免地会包含一些增加阅读难度的因素，例如汉语文本中的汉字笔画复杂性以及英文文本中的词汇复杂性。然而，这些因素在同声传译的听力输入过程中几乎不会对难度产生影响。鉴于目前语音文本难度评估工具尚未系统开发，基于阅读文本的可读性公式仍可视为衡量文本难度水平的有价值参考。

本研究中进行难度测量的第二个指标是计算非字面意义表达的数量。在通常情况下，文本中非字面意义表达的数量与文本处理所需的认知资源呈正相关（冯佳，2018：90）。例如，语言中的隐喻作为一种非字面意义表达，对源语理解过程中的认知资源总量、译者认知资源的分配以及译者工作记忆的认知负荷都会产生显著影响（王一方，2018：102）。在对汉语和英语实验文本的难度进行测量时，本研究参照了 Hvelplund（2011：91-92）的研究，考察了非字面意义表达的三种类型：习语（idioms）、隐喻（metaphors）和转喻（metonymy）。基于这三种类型，得出了以下结果（见表5-4）：

表 5-4　　中文实验文本和英文实验文本含有非字面意义的表达

中文实验文本	英语实验文本
我们稍微回顾一下近几年发生的青少年凶杀案，就会让我们感到①**不寒而栗**。 但是②**理想很丰满，现实很骨感**。 ③**孩子感受力的丢失**是一件非常可怕的事情。 说得更直白一点，能够让我们的④**内心变得更柔软**。 他们看不见⑤**春花秋月**。 深圳的秋天只是⑥**藏得比较深**。 秋天不只是一个季节，还是一段值得⑦**被尊重的时光**。 无论是学校定位、社会舆论还是家长支持，都⑧**直接指向**升学率和考试分数。 我们教育者有时忘了把他们⑨**激活**。 我们孩子们的⑩**心**真的很难被触动。	When I heard that, ①**my heart would sink**. But ②**it dawned on me** that I was promoting those students who knew how to ③**play the game of school**. They had to ④**wrestle with confusion**. I was ⑤**a cog in a wheel** in a system that put a premium on the product. Altering the way ⑥**their brains are wired**. Socrates believed that education is ⑦**the kindling of a flame**. I wanted to be present ⑧**at the birth of my students' ideas**. The ⑨**enemy** of critical thinking, focused engagement, and social interaction is ⑩**the screen**.

从表 5-4 可以看出，中文实验文本和英文实验文本中习语、隐喻和转喻的非字面意义表达总数均为 10 个。因此，可以得出两个翻译方向的文本在第二个指标上的难度具有可比性。

综上所述，本实验的中文和英文文本难度具有可比性。笔者采用了主

观与客观相结合的方法进行评估。首先，通过对译员的访谈，获取了主观
感受。大多数译员认为两种文本的难度大致相当，但在译入母语和译入外
语的过程中，难度感觉各有不同侧重，这一现象有待进一步研究。其次，
在客观评估方面，笔者使用了"可读性公式"和"非字面意义表达"这两个指
标进行难度测量。结果显示，两篇实验文本的难度均处于初中水平，且均
包含 10 个非字面意义的表达，因此可以认为两种文本在难度上具有可
比性。

5.2.5 实验任务

远程同声传译是远程会议口译的主要形式，Moser-Mercer（2003：1）将
其定义为"口译员在会议室外进行的任何形式的同声传译，其可以通过视
频会议系统或与会议场地相连的有线设备完成，地点可以是在同一建筑物
内，也可以是邻近区域"。如今，远程口译已成为职业译员的主流工作模
式。在一项针对 70 多位市场口译员的调查中发现，受疫情影响，2021 年
的会议量相比 2020 年有所回升，这一有限的恢复主要得益于会议的虚拟化
转型。调查显示，65.7% 的口译员的远程口译业务占其总业务量的六成以
上。截至 2024 年 1 月，尽管远程口译的业务占比较疫情初期有所下降，但
业务总量呈现出稳定的增长趋势（高彬、赵竹轩，2024：64）。

远程口译的工作模式使口译的环境和条件趋于多元化。远程口译的形
式多种多样，包括"纯线上"以及"线上线下结合"的会议方式。本实验中的
同传任务发放与流程即模拟了远程口译的一种工作模式：通过远程方式发
放预先录制的口译任务，口译员自行进行同传录制，并将完成后的目标语
录音提交给发送者。

笔者在 2024 年 7—8 月共在线联系十位被试参与实验。实验的具体流
程如下：

（1）告知被试实验性质。

（2）介绍翻译任务。

①两个实验翻译音频的时长分别为 5 分 56 秒（汉译英）和 6 分 05 秒

（英译汉）。

②两个实验翻译音频的主题均为教育，节选自 TED 平台的公开演讲。

③保证口译质量达到专业译员基本水平，能够满足一般听众的要求。

④按照日常远程口译的工作模式进行同声传译，并自行录制，提交符合质量要求的目标语译文音频。

（3）填写知情同意书。

（4）任务发放。

注：九位被试通过微信发放，一位被试通过邮箱发放。

（5）任务回收。

注：九位被试通过微信提交译文，一位被试通过邮箱提交。九位被试在规定的三天时间内提交了译文，一位被试因出差至南非并临时处理客户任务，于五天内提交了译文。

（6）被试访谈。

①两个实验音频的语速是偏快、偏慢，还是适中？

②两个实验音频的难度是相当，还是存在差异？如果有差异，哪个音频更难？

5.3 实验数据采集

正式实验结束后，收集了十位被试的中译英和英译中音频，共计 20份。通过使用科大讯飞的"讯飞听见"软件，导入被试音频并在线使用"声音转文字"功能，随后逐句进行人工校对，生成了 20 份转写文档供进一步分析使用。所有同传音频文件及其对应的转写文档均采用匿名编号，以"被试 1-EC""被试 1-CE""被试 2-EC""被试 2-CE"……"被试 10-EC""被试10-CE"命名。其中，"EC"后缀表示英译中，"CE"后缀表示中译英。被试1 至被试 5 为组 1，即"经验丰富"组，被试 6 至被试 10 为组 2，即"经验欠缺"组。随后，对被试的访谈内容进行了文字记录整理，内容分为实验音频的语速和难度两个部分，整理后的文档命名为"被试实验访谈"，作为实验文本选择的进一步主观佐证(详见 5.2.4)。

对这 20 份转写文档分别采用"词汇异同法"和"质化与量化交佐法"进行结果统计。此外,将这 20 份同传音频文件、转写文档及一份同传评分表打包后,发送给三位专家,以评估口译质量并收集评分数据进行统计分析。本节将详细描述数据采集和评分过程,并对相关结果进行阐述。

5.3.1 "词汇异同法"结果统计

正式实验共收集了 20 份有效音频,并对其逐一进行了转写。依据 4.1.2 节的论述,首先采用 Helle V. Dam 提出的测量单位切分法,即"以谓语动词为中心,将其与附近的词汇划分在一起,形成一个片段",对中文和英文的实验文本进行了切分。切分结果显示,中文实验文本共划分为 101 个片段,英文实验文本共划分为 100 个片段。

例如:"他们看不见春花秋月, /听不见鸟语虫鸣, /也闻不到满园花香。"该句中包含三个谓语动词,分别为"看不见""听不见"和"闻不到",因此将每个谓语动词与其附近的词汇划分在一起,该汉语句子共被切分为 3 个片段。

再如:"Ask any high school teacher or any parent of a teenager, /and they will tell you that/ the enemy of critical thinking, focused engagement, and social interaction is the screen."该句中包含三个谓语动词,分别为"ask""will tell"和"is",因此将每个谓语动词与其附近的词汇划分在一起,该英语句子共被切分为 3 个片段。

将转写后的中译英和英译中文本,根据源语测量单位切分的片段,采用 Helle V. Dam 的"词汇异同法"对目标语和源语进行比对分析。根据该方法,脱壳的表现被划分为五大类。在 20 份同传转写稿中,对每类"脱壳"表现进行了逐一标识,以便后续分析。标注规范如表 5-5 所示:

表 5-5   **Helle V. Dam 脱壳表现分类**

序列	代 表 意 义	标识
（1）	"相似片段"	S
（2）	"相似（相异）片段"	S（d）
（3）	"相似/相异片段"	S/D
（4）	"相异（相似）片段"	D（s）
（5）	"相异片段"	D

这五类脱壳分类在文本中应用时的具体情况如下：

（1）"相似片段"，简称"S"

相似片段指目标语中片段的所有词汇元素和与之对应的源语片段（构成该目标语片段的基础）的相应词汇元素具有形式对等关系，或者是其对等词汇的变形或衍生词汇。值得注意的是，对于相似片段的判定，仅关注目标语和源语词汇层面上的异同，而不考虑两种语言在音位、语形、语法、句法、词法等方面的相似度及相异度。省略情况同样不作分析。

ST：But other students who were equally talented/…

TT-1：但是还有些学生他们也有同样的才华/……

TT-2：但其他同样有才华的学生/……

在上述英文源语片段的例子中，两个目标语片段均被判定为相似片段，因为它们的词汇元素与源语的词汇元素具有对等关系。"other students"既可以翻译为"其他的学生"，也可以译为"还有些学生"。然而，两位被试译员在处理源语片段时采用了不同的句法结构。TT-1 是一个复合句，与源语句法一致，由"但是还有些学生"和"他们也有同样的才华"两个分句组成，中间通过代词"他们"指代前面的"学生"，并通过"也"表示与前面内容的并列关系。相较之下，TT-2 是一个较为简单的短句，与源语句法存在差异，其中"同样有才华的"作为定语直接修饰"学生"，没有使用代词或其他连接词。然而，"词汇异同法"并不分析句法差异，因此两位译员在此处的目标语片段均被判定为相似片段。

ST：Our current educational system is still stuck in the dark ages/.

TT-1：我们当前的教育体系仍然停留在一个黑暗的时代/。

TT-2：那么我们现在的教育体系依然在黑暗时代/。

TT-3：我们现在的教育体系仍然困在黑暗年代当中/。

在上述英文源语片段的例子中，三个目标语片段均被判定为相似片段，因为它们的词汇元素与源语的词汇元素具有对等关系，或属于其对应的衍生词汇。"current"既可以译为"当前的"，也可以译为"现在的"；"is stuck in"既可以译为"停留在"，也可以译为"困在"；"dark ages"既可以译为"时代"，也可以译为"年代"。值得注意的是，第三位译员的目标语片段TT-3中，"当中"是介词"in"的翻译，依然保持对等；而在第二位译员的目标语片段TT-2中，"那么"是文中多次出现的口语化表达，属于译员的惯用语，不作为实词进行分析。此外，TT-2中省略了"stuck"的翻译，根据"词汇异同法"的原则，该省略部分不计入分析。因此，三位译员的目标语片段在此处均被判定为相似片段。

ST：深圳只有春天和夏天/。

TT-1：Shenzhen only has spring and summer/.

TT-2：There is only spring and summer in Shenzhen/.

在上述汉语源语片段的例子中，两个目标语片段均被判定为相似片段，因为它们的词汇元素与源语的词汇元素具有对等关系。在句法上，第一位译员的目标语片段TT-1符合顺句驱动原则，与源语的词汇顺序保持一致，是一个主谓宾结构的简单句，其中主语为"Shenzhen"，谓语动词为"has"，宾语为"spring and summer"。相比之下，第二位译员在目标语片段TT-2中使用了存在句（existential sentence）结构，将源语片段译为"there is"句式。该句的主语为"spring and summer"，虽然语义上的主题仍是"Shenzhen"，但在语法上，深圳被置于句子的后半部分，作为地点状语（"in Shenzhen"）。然而，根据"词汇异同法"的原则，句法差异不作分析，因此，这两位译员的目标语片段在此处均被判定为相似片段。

ST：有的孩子可能保持对世界的好奇和善意/。

TT-1：Some children can keep their curiosity and kindness to the world/.

TT-2：Some kids might be *kind* and *curious*/.

在上述汉语源语片段的例子中，两个目标语片段均被判定为相似片段，因为它们的词汇元素与源语中的词汇元素存在对等关系，或者是其对等词汇的变形。在源语片段中，"好奇"和"善意"都是名词，而第一位译员在目标语片段中将其译为名词"curiosity"和"kindness"，保持了词性的一致。然而，第二位译员在目标语片段 TT-2 中，将名词"好奇"翻译为形容词"curious"（可译为"好奇的"），将名词"善意"翻译为形容词"kind"（可译为"善意的"），涉及了词汇的变形。也就是说，尽管这些词汇源自相同的词根，但通过词形（形态）和词汇形式的变化，表达了不同的语法功能，属于对等关系。同时，第二位译员"对世界的"未译出，省略部分不计入分析。因此，这两位译员的目标语片段在此处均被判定为相似片段。

ST：因为与现实世界疏离/，他们变得无感而冷漠/。

TT-1：Because of *alienation* from the world/, they are becoming *senseless and indifferent*/.

TT-2：The *detachment* from reality/ makes them *insensitive and aloof*/.

在上述两个汉语源语片段的例子中，两个目标语片段均被判定为相似片段，因为它们的所有词汇元素与对应的源语片段的词汇元素在形式上具有对等关系，或为其变形或衍生词汇。在第一个源语片段中，"疏离"作为谓语动词出现，而两位译员在目标语片段中将其译为名词"alienation"和"detachment"。尽管这两个词各有侧重，"alienation"更强调社会或心理上的疏离感，而"detachment"则更注重情感上的距离感或客观性，但在某些语境下它们可以互换使用，均属于"疏离"的衍生词汇。对于第二个源语片段中"无感而冷漠"的翻译，TT-1 中的"senseless and indifferent"和 TT-2 中的"insensitive and aloof"各有侧重。"insensitive and aloof"描述的是一种情感上的迟钝和故意的距离感，通常用于形容一个人在社交互动中显得冷漠和疏远他人；而"senseless and indifferent"则更强调对事物的完全无感和漠视，指对情境或事物的完全不在意或冷漠。在源语语境下，这两种表达均未偏离原意，因此可以视为源语相应元素的对等或衍生词汇。

在句法和语法层面上，TT-1 与两个源语片段保持了类似的结构，即第一个片段为原因状语，第二个片段为主句。然而，TT-2 与源语片段在结构上存在显著差异：在 TT-2 中，"detachment from reality"作为原因状语的主干，直接导致了后果，使用"makes"作为主句的动词，使得原因和结果的关系更加明确和直接。尽管如此，句法和语法上的差异不计入本分析的范围，因此，这两位译员的目标语片段在此处均被判定为相似片段。

（2）"相似（相异）片段"，简称"S(d)"

相似（相异）片段指目标语片段中大部分词汇元素和与之对应的源语中的片段（构成该目标语片段的基础）的相应词汇元素具有形式对等关系，或者是其对等词汇的变形或衍生词汇，而目标语中该片段的其他词汇元素不具备这一特征。值得一提的是，相异片段中的错误，以及信息的添加，无论是否有关，都计入分析范围。

ST：... the enemy of critical thinking, focused engagement, and social interaction is the screen/.

TT-1：……批判思维的敌人，注意力的敌人和社会参与程度的敌人就是屏幕使用时间/。

TT-2：……对于批判思维，专注以及社交的互动来说，屏幕的使用是最大的障碍/。

在上述英语源语片段的例子中，目标语片段均被判定为相似（相异）片段，因为它们的大部分词汇元素与源语片段的相应词汇元素在形式上具有对等关系，或属于其变形或衍生词汇。与源语片段进行比对后，第一位译员 TT-1 的译文中仅有"使用时间"一处无法在源语片段中找到对应的词汇元素或其对等词汇或衍生词汇，属于信息添加，计入分析范围，视为相异的词汇；而第二位译员 TT-2 的译文中有"的使用""最大的""障碍"三处无法在源语片段中找到相应的词汇元素或其对等词汇或衍生词汇，其中前两处差异为信息添加，计作相异词汇，第三处"障碍"则为源语"the enemy"的意译，根据上下文的含义表达译文，并未严格遵循源语的字面意思进行翻译，这是一种典型的意译(或称"脱壳")，即通过传达核心意思进行表达，因此也被计作相异词汇。然而，与相似的词汇元素相比，相异词汇元素的比例仍然较小。因此，这两位译员的目标语片段在此处均被判定为相似(相异)片段。

ST：... increase political disengagement, depression, and loneliness/.

TT-1：……会导致他们在政治上一种拖累的感觉，以及抑郁和这种孤独/。

TT-2：……让他们对政治漠不关心，同时更加抑郁和孤单/。

在上述英语源语片段的例子中，两个目标语片段均被判定为相似(相异)片段，因为它们的大部分词汇元素与源语片段中的相应词汇元素在形式上具有对等关系，或是其变形或衍生词汇。对比目标语片段与源语片段时，第一位译员在TT-1中将源语"increase"译为"导致"，以传达源语中的因果关系，但这一译法并不完全忠实于源语。同时，"disengagement"被译为"拖累的感觉"也不准确。因为"disengagement"通常指的是对某事物缺乏参与感或兴趣，尤其在政治语境中，常指人们逐渐失去对政治事务的参与感或兴趣。而"拖累的感觉"则带有被某事物拖后腿、负担沉重的负面感受，显然属于误译。然而，根据"词汇异同法"原则，错误翻译仍然被视作差异词汇，计入分析范围。

相比之下，第二位译员在TT-2目标语片段中将"disengagement"译为"漠不关心"，准确地传达了对政治事务的参与度降低或兴趣减少的态度，这种译法虽然未完全遵循源语的字面意思，却有效地传达了原文的意图，符合上下文中的情感和态度变化。这种翻译是一个典型的脱壳例子，因此也计入相异词汇元素。在TT-2中，"更加……"可以视为与源语片段中"increase"相似的词汇元素。综上所述，TT-1中存在两处差异词汇元素，而TT-2中存在一处差异词汇元素。与相似词汇元素相比，相异词汇元素的比例仍然较小。因此，这两个目标语片段在此处均被判定为相似(相异)

片段。

ST：……或者因为客体而产生感受的能力/。

TT-1：... or to *use* objects to feel things/.

TT-2：... or produce sensibility *passively*/.

在上述中文源语片段的例子中，两个片段均被判定为相似（相异）片段，因为它们的大部分词汇元素与源语片段中的相应词汇元素在形式上保持对等关系，或属于其变形或衍生词汇。源语片段中包含"或者""因为""客体""而产生""感受""能力"六个词汇元素。在第一位译员 TT-1 的目标语片段中，源语中的"因为"被译为"use"，这是误译，未能准确传达源语中的因果关系。同时，"feel things"作为"感受"（可译为"feel"或"experience"）的翻译，是对原词的语义转化，尽管结构有所变化，但仍与源语在形式上保持对等，因此属于词汇变形范畴。通过将 TT-1 目标片段与源语片段进行比对分析，可以发现译文中的六个词汇元素中，正确译出了"或者""客体"和"感受"三个词汇元素，然而"因为"的翻译存在错误。根据"词汇异同法"原则，尽管存在误译，这一词汇元素仍然被计为相异词汇元素并纳入分析。

相比之下，在第二位译员 TT-2 的目标语片段中，源语片段中的"因为客体"被译为"passively"，这是一个意译的例子。"因为客体"在源语中表达的是因果关系，即某种感受是由于客体的作用而产生的，而"passively"则表达了一种被动的状态，隐含了由外部因素（即客体）引发的感受的概念。尽管"passively"没有直接对应"因为客体"的词义，但它准确捕捉了源语所表达的被动感受这一核心意义。这种翻译方法舍弃了字面意思，而选择了一种能够传达源语内在含义的词汇，体现了对源语意思的高度概括与抽象，是一个典型的脱壳例子。因此，在 TT-2 中，将"passively"同样计为一个相异词汇元素。综上，在分析以上两个目标语片段时，相似词汇元素的比例相对较高，而相异词汇元素的比例较小，因此，这两个片段均被判定为相似（相异）片段。

(3)"相似/相异片段"，简称"S/D"

相似/相异片段指目标语中某片段的大约一半词汇元素和与之对应的源语中的片段(构成该目标语片段的基础)的相应词汇元素具有形式对等关系，或者是其对等词汇的变形或衍生词汇，而目标语中该片段的大约另一半词汇元素不具备这一特征。根据分析发现，这类片段的相似与相异词汇元素的比例约为1∶1，数值明确，占所有片段的比例较小。

ST：... and raise their hands to let their voices be heard/.

TT：……举手回答问题/。

在上述英文源语片段的例子中，目标语片段被判定为相似/相异片段，因为在该目标语片段中，大约一半的词汇元素与源语片段中的相应词汇元素存在形式对等关系，或者是对等词汇的变形或衍生词汇。源语片段包含"raise""their hands""to let""their voices""be heard"五个词汇元素。在目标语片段中，"raise"和"their hands"被直译为"举手"，属于词汇的形式对等翻译，而其他三个词汇元素并未直接译出。译员根据上下文对原句进行理解，添加了"回答"和"问题"两个词汇元素，以符合中文表达习惯。译员根据原句涉及的课堂场景，将"let their voices be heard"解释为"回答问题"。尽管这一翻译在字面上没有直接对应源语，但它试图传达原句的潜在含义，是一种适应目标语言文化和语境的翻译策略，也可以看作一个典型的脱壳翻译的例子。因此，通过对比源语片段和目标语片段后发现，目标语片段中有两个词汇元素与源语的对应词汇元素形成对等关系，而另外两个词汇元素则为相异元素，未体现该对等关系，比例为1∶1。因此，该目标语片段被判定为相似/相异片段。

ST：……只是我们教育者有时忘了把他们激活/。

TT：... It's just sometimes the educators neglected how to stimulate their sensitivity/.

在上述中文源语片段的例子中，目标语片段被判定为相似/相异片段。因为在该目标语片段中，大约一半的词汇元素与源语片段中的相应词汇元素存在形式对等关系，或是对等词汇的变形或衍生词汇。源语片段包含"只是""我们教育者""有时""忘了""他们"和"激活"六个词汇元素。在目标语片段中，"只是""我们教育者"和"有时"分别被直译为"it's just""the educators"和"sometimes"，属于形式对等翻译。

然而，源语片段中的"忘了"被译为"neglected"，属于意译，虽然在字面上不完全对应，但译者通过"neglected"传达了更深层的含义，强调教育者不仅仅是"忘记"了某件事，更可能"忽视"了其重要性。此翻译可视为脱壳例子，计为相异词汇元素。译者将"激活"译为"how to stimulate"，同样属于意译。中文中的"激活"通常表示"使某种能力或状态重新活跃"或"激发潜力"，"stimulate"在英文中意为"刺激"或"激发"，与"激活"的含义接近，但表达上更侧重于过程或方法。为了增强语义的连贯性，译员增加了"how to"，使句子更符合英语表达习惯。该翻译虽然没有逐字对应，但保留了"激活"的核心意义，因此计入相异词汇元素。源语中的"他们"在目标语中被译为"their sensitivity"，带有解释性补充特征。"他们"在源语中指某个群体的人，译员根据上下文将其具体化为"their sensitivity"，明确了指代对象并描述了他们的特质，使译文更清晰、贴切，符合读者理解预期，同样被视为相异词汇元素。

综上所述，目标语片段中三个词汇元素与源语的对应词汇元素形成对等关系，另外三个词汇元素则为相异元素，比例为 1∶1。因此，该目标语片段被判定为相似/相异片段。

(4)"相异(相似)片段"，简称"D(s)"

相异(相似)片段指目标语中片段的大部分词汇元素和与之对应的源语中的片段(构成该目标语片段的基础)的相应词汇元素不构成形式对等关系，也不是其对等词汇的变形或衍生词汇，而目标语中该片段的其他词汇元素不具备这一特征。

ST：… where they *are being asked to* absorb *massive amounts of* information and then regurgitate it back on a *test*/.

TT：……他们的上学模式还是他们<u>被要求</u>学习<u>非常多</u>的知识，然后再带着那<u>些</u>知识去<u>考试</u>/。

在上述中文源语片段的例子中，目标语片段被判定为相异（相似）片段，这是因为其中的大部分词汇元素与源语片段中的相应词汇元素在形式上未能构成对等关系，或并非对等词汇的变形或衍生词汇。在目标语片段中，仅"are being asked to""massive amounts of"和"test"被直译为"被要求""非常多""考试"，这几个词汇元素与源语片段形成形式上的对等，而其他词汇元素则未形成对等关系。

译员在目标语片段中添加了"上学模式"，这是基于对源语内容的概括性理解，将源语所描述的学习过程和考试要求进行概括，属于意译范畴，因此计为相异词汇元素。源语中的"absorb"被译为"学习"也是意译的表现。在中文中，"学习"可以涵盖"吸收"信息的过程，尤其在教育语境中，这种表达有效传达了"absorb"的核心意义，即获取和理解信息的过程，因此被归为相异词汇元素。同样，译员将"information"译为"知识"更符合教育和学习的语境，使学生在学习过程中所获得的内容表达得更为自然和易于理解，符合中文的表达习惯。另外，"regurgitate it back"翻译为"带着那些知识"也是一种意译。译员选择用更加中性的表达方式，传达学生将所学内容应用于考试的过程。尽管这种译法舍弃了源语中"regurgitate"所隐含的比喻性和批判性，源语中的"regurgitate"比喻了学生在考试中机械地重复或复述所学内容的过程，而非理解和应用，但这种译法在中文中显得更加自然流畅，贴近中文的表达习惯。

综上所述，通过对比译员的目标语片段与源语片段，发现译员在翻译过程中大量使用了意译（或脱壳）的翻译方法，因此目标语片段中形式对等的词汇元素或变形、衍生词汇明显少于相异的词汇元素。所以，该目标语片段被判定为相异（相似）片段。

ST：……都直接指向升学率和考试分数/。

TT-1：... everybody is asking for higher *scores* and better *enrollment rate*/.

TT-2：... is all about what schools they go to and their *scores*/.

在上述中文源语片段的例子中，两个目标语片段均被判定为相异(相似)片段，因为其大部分词汇元素与源语片段中的相应词汇元素在形式上并未构成对等关系，也不是其对等词汇的变形或衍生词汇。在第一位译员 TT-1 的目标语片段中，只有"scores"和"enrollment rate"分别对应源语中的"分数"和"升学率"，形成了对等关系。源语中的"直接指向"被译为"everybody is asking for"，这是对源语的意译，带有解释性扩展。在源语中，"直接指向"通常指某事物明确地针对或指向某个目标，而在译文中，"everybody is asking for"表明了普遍的、迫切的需求或期望。此翻译并未严格遵循字面意思，而是通过对整体语境的理解转化为更符合英语表达习惯的句子结构，因此被视为相异词汇元素。同时，TT-1 译文中添加的"higher"和"better"用于修饰"升学率"和"考试分数"，虽然这些修饰词没有直接的源语对应词，但增强了译文的清晰度和表达力，因此也被视为相异词汇元素。

在第二位译员 TT-2 的目标语片段中，唯一与源语片段形成对等关系的词汇元素是"scores"，即源语中的"分数"。在 TT-2 的目标语片段中，"直接指向"被译为"is all about"，这是一种意译，通常用来表示某事物完全围绕或集中于某个主题，传达了源语中对升学率和考试分数的关注程度，虽然符合英文表达习惯，但专业性不足，较为口语化。同时，"升学率"被译为"what schools they go to"也是一种意译，保留了源语的核心意思，即关注学生进入的学校，虽然较口语化，但并不精确。因此，这些译法都被视为相异词汇元素。

综上所述，通过对比两位译员的目标语片段与源语片段，发现形式对等的词汇元素或对等词汇的变形或衍生词汇明显少于相异的词汇元素，因此这两个目标语片段均被判定为相异(相似)片段。

(5)"相异片段"，简称"D"

相异片段指目标语中片段的所有词汇元素和与之对应的源语中的片段(构成该目标语片段的基础)或源语中其他任何片段(若不存在对应的源语

中的片段)的相应词汇元素不构成形式对等关系，也不是其对等词汇的变形或衍生词汇。在相异片段中，源语片段的词汇元素在译文中完全找不到形式上的对等痕迹，这些片段的脱壳程度最高。然而，需要注意的是，一些完全脱壳的片段存在译文错误，包括不当的词汇替代或无关的信息添加，但根据"词汇异同法"原则，这些片段仍被纳入分析范围。

ST：None of us is as smart as all of us/.

TT-1：没有一个人的力量能够比过团结的这样的一个智慧/。

TT-2：众人拾柴火焰才高/。

TT-3：一个人单独的智慧都不如集体的智慧/。

在上述英文源语片段的例子中，三个目标语片段均被判定为相异片段，因为它们所有的词汇元素都与源语片段中的词汇元素或源语中的其他片段不构成形式对等关系，也不是其对等词汇的变形或衍生词汇。尽管如此，这三个译文的理解均准确，但在译法和翻译效果上存在差异。TT-1 的句子结构略显烦琐，表达不够简洁流畅，未充分考虑中文的表达习惯，因此在阅读上可能会让人感到累赘。TT-2 则使用了成语"众人拾柴火焰高"，这种表达简洁且形象生动，带有深厚的文化底蕴，能够很好地传达出集体合作比个人力量更强大的意思。TT-3 的句子结构简洁明了，准确流畅，但未采用生动的比喻或富有文化内涵的表达，相比之下显得平淡。综上所述，三个目标语片段虽然都能传达源语的核心意思，但在翻译策略上均未使用形式对等的词汇，因此判定为相异片段。

ST：但是理想很丰满，/现实很骨感/。

TT：My thoughts are hard to be implemented/.

在上述中文源语片段的例子中，该目标语片段被判定为相异片段，因为它所有的词汇元素都与源语片段中的词汇元素或源语中的其他片段不构成形式对等关系，也不是其对等词汇的变形或衍生词汇。源语的两个片段是中文中的固定表达，用于形象地描述理想与现实之间的巨大差距，传达了强烈的反差感。在目标语片段中，译员将两个片段合并，尽管翻译传达了源语某种程度的意思，即"我的想法很难实现"，但并未充分表现源语中的对比与感叹情感，导致表达准确性不足，并且在语法和自然表达上也不够地道。然而，该目标语片段的差异词汇元素仍被纳入分析，经过与源语片段的比对，由于缺乏形式对等的词汇元素，因此被归为相异片段。

　　根据上述"词汇异同法"原则，对所有英译汉和汉译英的目标语转录文本进行了片段划分和分类。表 5-6 和表 5-7 展示了英译汉的统计结果，其中表 5-6 为"经验丰富"组（组 1）译员的目标语片段类别分布情况，表 5-7 为"经验欠缺"组（组 2）译员的目标语片段类别分布情况；表 5-8 和表 5-9 展示了汉译英的统计结果，其中表 5-8 为"经验丰富"组（组 1）译员的目标语片段类别分布情况，表 5-9 为"经验欠缺"组（组 2）译员的目标语片段类别分布情况。表格中，不带括号的数字表示目标语片段在各类别中的绝对出现次数，括号内的数字则表示大致的百分比。TT-1 代表第一位被试译员的目标语文本，TT-2 代表第二位被试译员的目标语文本，后续以此类推。类别排列顺序反映了词汇相似度的递减，亦即词汇差异度的递增。

表 5-6　　组 1 英语源语文本的目标语片段类别分布情况（英译汉）

类别	TT-1	TT-2	TT-3	TT-4	TT-5	总数
S	46(47%)	44(52%)	61(64%)	64(69%)	37(44%)	252(55%)
S(d)	39(40%)	27(32%)	24(25%)	23(25%)	35(41%)	148(33%)
S/D	3(3%)	2(2%)	3(3%)	3(3%)	3(4%)	14(3%)
D(s)	7(7%)	7(8%)	4(4%)	2(2%)	7(8%)	27(6%)
D	2(2%)	4(5%)	3(3%)	1(1%)	3(4%)	13(3%)
总数	97	84	95	93	85	454

表 5-7　　组 2 英语源语文本的目标语片段类别分布情况（英译汉）

类别	TT-6	TT-7	TT-8	TT-9	TT-10	总数
S	38(45%)	42(49%)	26(36%)	48(53%)	33(43%)	187(46%)
S(d)	30(35%)	28(33%)	23(32%)	28(31%)	24(32%)	133(33%)

续表

类别	TT-6	TT-7	TT-8	TT-9	TT-10	总数
S/D	6(7%)	6(7%)	3(4%)	5(6%)	5(7%)	25(6%)
D(s)	7(8%)	6(7%)	8(11%)	7(8%)	9(12%)	37(9%)
D	3(4%)	4(5%)	12(17%)	2(2%)	5(7%)	26(6%)
总数	84	86	72	90	76	408

表 5-8　　组 1 汉语源语文本的目标语片段类别分布情况 (汉译英)

类别	TT-1	TT-2	TT-3	TT-4	TT-5	总数
S	43(44%)	28(33%)	51(53%)	56(59%)	53(56%)	231(49%)
S(d)	40(41%)	32(38%)	32(33%)	28(30%)	25(27%)	157(33%)
S/D	4(4%)	5(6%)	5(5%)	3(3%)	6(6%)	23(5%)
D(s)	9(9%)	16(19%)	6(6%)	6(6%)	9(10%)	46(10%)
D	2(2%)	4(5%)	3(3%)	2(2%)	1(1%)	12(3%)
总数	98	85	97	95	94	469

表 5-9　　组 2 汉语源语文本的目标语片段类别分布情况 (汉译英)

类别	TT-6	TT-7	TT-8	TT-9	TT-10	总数
S	41(51%)	55(63%)	47(54%)	49(54%)	40(47%)	232(54%)
S(d)	28(35%)	22(25%)	22(25%)	29(32%)	32(38%)	133(31%)
S/D	2(3%)	4(5%)	4(5%)	5(6%)	5(6%)	20(5%)
D(s)	4(5%)	6(7%)	13(15%)	6(7%)	8(9%)	37(9%)
D	5(6%)	1(1%)	1(1%)	2(2%)	0(0)	9(2%)
总数	80	88	87	90	85	430

5.3.2　"质化和量化交佐法"结果统计

根据 4.2.2 的论述，实验同传音频转写的 20 份目标语文本依据 Setton

& Motta 的"质化和量化交佐法"进行了脱壳分析。按照该方法，脱壳的表现被划分为四大类。在这 20 份转写稿中，对每类脱壳表现进行了逐一标识，以便进行后续分析。标注规范如表 5-10 所示：

表 5-10　　　　　　　　　　**Setton & Motta 脱壳表现分类**

序列	脱壳表现	标注符号	代表意义
（1）	娴熟的、语境化的词汇选择	E1	解释 Elaboration 1
（2）	额外连词、额外解释或衔接、额外参考说明	E2	解释 Elaboration 2
（3）	句子成分顺序重排	P1	复述 Paraphrase 1
（4）	源语意义在目标语句法中的重塑	P2	复述 Paraphrase 2

这四类脱壳分类在文本中应用时的具体情况如下：

（1）解释"E1"（Elaboration 1）——娴熟的、语境化的词汇选择，指的是词汇创造性的表达。在目标语中，单词或表达方式不拘泥于标准的对应词或对应句，而是根据语境进行灵活表达。包括使用生动的、非词典中对应的目标语词汇来传达单词的意义，或者删除源语中冗余或重复的信息，使翻译更加自然，逻辑更清晰，意义更明确。

ST：It seems to me that my high school students were becoming less *curious*.

TT：我觉得我的高中学生求知欲越来越弱了。

在这个中文译文的例子中，源语中的"curious"被译为"求知欲"，意指对知识的渴求。通过将形容词"curious"（好奇的）转译为名词，使表达更符合中文习惯，提升了句子的流畅度。此外，在教育场景中，特别是讨论学生对学习知识的兴趣时，"求知欲"比"好奇心"更为常用，这一表达更准确地反映了"curious"在该语境中的含义，即学生对学习和探索的兴趣减弱。因此，这种翻译策略增强了目标语表达的自然性和语境适应性，而非拘泥于对应词汇，是语境化的词汇选择，因此被归类为 E1。

ST：I want to be present *at the birth of* my students' *ideas*.

TT：我希望我能够在学生灵光一现的时候在场。

在这个中文译文的例子中，源语中的"at the birth of … ideas"被译为成语"灵光一现"，该成语形容灵感或创新想法的突然涌现。这样的翻译不仅生动地传达了"at the birth of … ideas"这一短语的字面含义（即"在想法诞生之时"），还准确地捕捉了教师希望亲临学生创意形成瞬间的意图。这种词语的译法在表达上更具表现力，使译文更贴近中文读者的理解和文化背景，同时也体现了译者的创造性。这种与源语意图的高度契合和创新的表达方式，使该翻译被归类为 E1。

ST：我们稍微回顾一下近几年发生的青少年凶杀案，就会让我们感到不寒而栗。

TT：Kid homicides in the past fewyears *shivers down our spines*.

在这个英文译文的例子中，源语中的"不寒而栗"字面意思是"没有寒冷却颤抖"，用来形容因恐惧或害怕而浑身战栗。英文译文选择了"shivers down our spines"，该表达同样形容强烈的恐惧或不安感，犹如寒意沿脊椎传递。两者都描述了因恐惧、害怕或惊讶而引发的身体反应，带来相似的感官效果和情感共鸣。这样的翻译在效果和意图上高度一致，使目标语读者能够直接感受到类似的情感。这种译法生动地再现了源语中因青少年凶杀案带来的恐惧与惊讶，同时在目标语中找到了恰当的对应表达，使读者产生共鸣。虽然译文在词汇上没有严格对应，但达到了相同的表达效果，属于创造性的语境翻译，因此被归类为 E1。

ST：……我把它称为场景沉浸式学习。我希望通过一些基于现实场景的学习，让他们的感受力得到应有的发展。

TT：… I call it scenario-immersive study. I wish through that *system*, it can improve their sensibility.

在这个英文译文的例子中，源语中的"一些基于现实场景的学习"被概括为"that system"。由于前一句已经提到"场景沉浸式学习"（scenario-immersive study），上下文已足够清晰，因此译员使用"that system"进行指代，从而避免了赘述，提升了句子的紧凑性。译员通过有效整合信息，使目标语在流畅性和连贯性上得到改善，同时忠实于源语的核心思想。因此，这种删除源语中重复信息并进行词汇概括的翻译，是一种创造性的语境选择，因此被归类为 E1。

（2）解释"E2"（Elaboration 2）——额外连词、额外解释或衔接、额外参考说明，包括添加、删除或转换连接词，将源语中的连接词在目标语中隐化或显化，或根据语境需要，添加源语中没有但目标语中必要的成分，加以解释说明或提供额外参考，以使目标语的表达便于理解，更加流畅自然。

ST：Many of them have to sit in rows and raise their hands to let their voices be heard.

TT：很多的学生要一排排<u>乖乖地</u>坐着，要举手才能够表达他们的想法。

在这个中文译文的例子中，"乖乖地"是译者的额外添加，不存在于源语中。该词传达了一种对学生行为的期望，即要求他们安静、守规矩地坐着，反映了源语可能暗含的教师对学生行为的规范要求。通过这种表达，读者可以更直观地感受到课堂上对学生服从的期望。同时，在教育环境中使用"乖乖地"也符合中文的文化背景和语言习惯，使译文更易于目标语读者理解和接受。这样的创造性补充翻译强化并凸显了源语中的隐含信息，使目标语更具表现力，因此被归类为 E2。

ST：... but then I realized that these students were doing what they were trained to do.

TT：……但后来我意识到，这些学生只是在做他们被训练做的事情<u>或被教育做的事情</u>。

在这个中文译文的例子中，目标语中添加的"被教育做的事情"并未出现在源语中，而是译者的补充。通过这一添加，译员进一步明确了学生行为背后教育系统的作用，不仅强调了学生行为的来源是训练，还突出了教育内容对学生行为的塑造影响。这种补充使译文更符合教育语境，更全面地传达了源语可能隐含的含义。它表明学生行为的形成不仅仅是训练的结果，还受到了教育理念和方法的深刻影响。这种创造性的补充翻译，能够有效地加强和扩展源语信息，因此被归类为 E2。

ST：其实深圳也是有秋天的，只是它藏得比较深，需要我们去寻找和发现。

TT：There indeed is autumn in Shenzhen，but it's very well hidden. *So* it's gonna be upon us to look for it.

在这个英文译文的例子中，目标语中添加了源语中未出现的逻辑连词"so"，明确了两个句子之间的因果关系：由于深圳的秋天"藏得比较深"，因此"需要我们去寻找和发现"。在英语表达中，使用"so"来引出结果或结论是一种常见的做法。这样的添加符合英语的自然表达习惯，使句子更加流畅。这一译法体现了译者对英汉逻辑连词使用差异的理解。英语中的逻辑连词种类多，使用频率高，倾向于显性表达，偏好通过明确的逻辑连词来清晰地表达逻辑关系；而汉语中逻辑连词较少，使用频率低，倾向于隐性表达，更多依赖于上下文的语境和词序来传达逻辑关系，而不是直接依赖连词。因此，译员通过添加"so"来补充目标语中的逻辑关系，增强了句子的连贯性和自然性，使译文更加符合英语表达习惯，因此被归类为 E2。

ST：身为教育者，我也在思考教育到底发生了什么，我能够做点什么。

TT：As an educator myself，I also want to think about what happened to our education and what I can do *to save it*.

在这个英文译文的例子中，目标语中添加的"to save it"没有直接对应的源语成分，而是译员的补充。这一补充进一步强调了教育者不仅仅是想做点什么，而是要采取行动来挽救教育，传达出更强的责任感和紧迫感。由于上文提到了近年来青少年凶杀案的问题，因此"to save it"的添加增强了译文的情感色彩，凸显了教育问题的严重性，并使前后句的逻辑关系更加清晰连贯。这也体现了英汉表达的差异：英语倾向于通过补充和扩展来清晰传达意图，而汉语则倾向于简洁表达，依赖上下文理解。因此，这一创造性的语境翻译在目标语中补充了逻辑关系和情感表达的完整性，提升了译文的连贯性和自然性，因此被归类为 E2。

（3）复述"P1"（Paraphrase 1）——句子成分顺序重排，指的是根据演讲语境的表达意图，打破源语的原有语序，自由调整句子内部成分或句子间顺序的情况。换句话说，译员并未采用顺句驱动的方式逐句翻译，而是在确保保持源语意义的前提下，对句子成分的位置进行了调整。

ST：… because the brains of the students that I have in my classes *today* may be developing in *significantly different ways* than the brains of students I had 30 *years ago*, *before the invention of electronic devices*.

TT：……因为今时今日在我班上学的学生，他们的大脑运作方式可能跟30年前电子设备发明之前的学生思维的方式和发育的方式是完全不可同日而语的。

在这个中文译文的例子中，译员对语序和句子成分进行了多方面的调整。源语的结构为：原因—主语—谓语（may be developing）—状语—比较对象，而目标语的结构则为：原因—主语—比较部分—谓语（是完全不可同日而语的）。首先，目标语在句首引入"今时今日"，有效地前置了时间信息，使句子的整体结构更符合中文的表达逻辑。此外，"30年前"也被前置并与"电子设备发明之前"合并，形成一个紧密结合的时间短语，从而突出了时间跨度和历史背景，同样符合汉语在句首明确时间和背景的表达惯例。源语中的"significantly different ways"直接用于描述状态，而目标语通过"完全不可同日而语"来概括对比，作为总结性的陈述。这种表达更为强烈，赋予译文更多的情感色彩和说服力。因此，上述这些句子成分位置的调整可以归类为P1。

ST：They *seemed to have a harder time* with the hard tasks of learning.

TT：他们现在在进行一些比较艰难的学习任务的时候会感到很困难。

在这个中文译文的例子中，源语使用"seemed to have a harder time"来描述主语的状态，而"with the hard tasks of learning"则作为状语，补充说明了他们遇到困难的具体情境。在目标语中，描述的重点发生了变化，首先强调情境（"在进行一些比较艰难的学习任务的时候"），随后才描述主要状态（"感到很困难"）。在目标语中，译员对语序进行了调整，并重排了句子成分。通过前置状语,目标语提供了更明确的情境描述,这种安排符合汉语的表达习惯,使译文更加连贯和易于理解,因此被归类为 P1。

ST:我越来越觉得,孩子感受力的丢失是一件非常可怕的事情。

TT:I feel more and more that *it's a really scary thing that* children are losing their sensibility.

在这个英文译文的例子中,源语首先描述事件("孩子感受力的丢失"),随后给出评价("非常可怕")。而目标语则通过前置"it's a really scary thing"来引出并强调主观评价,这种结构调整使得句子的情感表达和逻辑连贯性更加符合英语的表达习惯。这种句子成分的重排不仅保留了源语的原意,还通过调整语序提升了译文的自然性和情感效果,因此被归类为 P1。

ST:每一个孩子在成长的过程中,应该都有对天地万物的感受。

TT:*In the process of growing up*, a child may have a feeling for heaven and earth.

在这个英文译文的例子中,源语中的时间状语"在成长的过程中"位于句子的中间部分,用以修饰谓语和宾语,描述背景信息。在目标语中,时间状语"in the process of growing up"被前置至句首,这种调整有效地设定了语境,使背景信息在句首清晰呈现,然后再引入主语和谓语,保持了句子结构的流畅性。这种句子成分的重排不仅增强了译文的连贯性,也提升了可读性,因此被归类为 P1。

(4)复述"P2"(Paraphrase 2)——源语意义在目标语句法中的重塑,指的是通过符合目标语语法和表达习惯的方式对源语意义进行重新表述。具体包括用非字面意义的表达方式重新叙述,或通过补充说明使意义更加明确;当源语中的修辞手法或文化概念在目标语中没有直接对应的表达时,通过解释性的方法将源语的意义自然地融入目标语。

ST:Socrates believed that education is the kindling of a flame rather than the filling of a vessel.

TT:苏格拉底认为教育其实是点燃火焰,而不是去填满一个容器,也就是授人以渔，而不是授人以鱼。

在这个中文译文的例子中，目标语增加了具有解释性的中文谚语"授人以渔，而不是授人以鱼"，进一步阐释了苏格拉底观点中"点燃火焰"这一比喻。通过这样的增译，目标语传达了类似的教育理念：教育的根本目的是培养人的独立思考和解决问题的能力（授人以渔），而不是简单地提供现成的答案或信息（授人以鱼）。这种处理方式不仅加深了读者对"点燃火焰"象征意义的理解，即激发人的自主学习和思考的能力，而非单纯的知识灌输，还成功地将源语的抽象比喻转化为目标读者更易理解和接受的文化表达，实现了跨文化语境下的有效传达。这一译法体现了源语意义在目标语句法中的重塑，通过补充说明使意义更加明确，属于 P2。

ST：They may not merely write down what I say *because I am not talking*.

TT：他们不知道我的想法，因为我在这个过程当中是隐形的。

在这个中文译文的例子中，源语的直译为"因为我没有在说话"，而译员在目标语中引入了"隐形"这一概念，以表达说话者不直接表达想法的情境，以及说话者处于一种无法被察觉或未直接参与的状态。这种翻译策略将源语中"没有在说话"的原因以"隐形"进行自由翻译，虽然在信息传递上与源语存在一定偏离，但有效地反映了说话者在特定情境中的缺席状态，符合汉语的表达习惯，使译文更具解释性和自然流畅感。这样的处理方式展现了译员通过非字面意义的表达对源语进行重新诠释，在传达源语隐含意义时的灵活性和创造性，因此被归类为 P2。

ST：当下的教育，无论是学校定位、社会舆论还是家长支持，都直接指向升学率和考试分数。

TT-1：Nowadays, whether it is the positioning of the school social opinion or the opinions from the parents, *education is task-oriented*.

TT-2：Whether the school, the schooling we have nowadays, or the social media, or the parents, everybody is asking for higher scores and better enrollment rate. *And nobody really talks about the nature anymore*.

在这两个英文译文的例子中，TT-1 目标语中"education is task-oriented"

是对源语"教育直接指向升学率和考试分数"的概括性转译。该表述突出了教育的目标导向特性，但没有明确指出具体任务即升学率和考试分数。TT-1 的译文反映了教育以任务或目标为中心的特征，虽然丢失了一些源语中特定的细节，但在一定程度上提升了译文的普适性和简洁性，体现了译员在句法层面上对源语的重新表达，属于 P2。

在 TT-2 目标语中，"And nobody really talks about the nature anymore"则是对源语未直接提及内容的扩展。结合前文提到的引导学生从自然中寻找感受力，这里暗示了在当前注重分数和升学率的教育体系中，自然与本质等更为基础的教育内容被忽视。这一扩展是译员基于上下文所作的解释性或补充性评论。这种译法不仅增强了译文的深度和批判性，还反映了译员对源语的创造性解读，同样被归类为 P2。

ST：但是理想很丰满，现实很骨感。

TT-1：But things don't always go the way we want them to.

TT-2：But the truth is very brutal.

TT-3：It's only wishful thinking.

在这三个英文译文的例子中，尽管它们在准确性和表达效果上有所差异，但都没有直接沿用源语的语言形式，而是对源语进行了句法上的重新表达。TT-1 传达了理想和现实之间的差距，表明事情并不总是如人所愿，这与源语表达的核心意思基本一致，但缺乏源语中所体现的生动感和戏剧性。TT-2 强调了现实的残酷性，但忽略了对理想的描绘，使其相较源语显得不够全面。TT-3 则侧重于表现理想只是"一厢情愿"的想法，却未涉及"现实"的残酷，从而缺乏源语中理想与现实之间的对比效果。总体来看，这三个译文均体现了源语意义在目标语句法中的重构，没有明显偏离或错漏，因此被归类为 P2。

根据上述 Setton & Motta 提出的"质化和量化交佐法"原则，对英译汉和汉译英的 20 份转录稿进行了脱壳量化的分类和标识，其结论见表 5-11 所示：

表 5-11   **Settton & Motta 方法脱壳表现统计表**

	E1	E2	P1	P2	脱壳总数
被试 1-EC	14	8	17	8	47
被试 1-CE	19	13	18	9	59
被试 2-EC	7	13	7	15	42
被试 2-CE	10	20	16	22	68
被试 3-EC	8	11	13	9	41
被试 3-CE	28	14	13	11	66
被试 4-EC	9	10	16	5	40
被试 4-CE	8	19	18	7	52
被试 5-EC	13	18	12	12	55
被试 5-CE	9	13	17	2	41
被试 6-EC	14	17	13	11	55
被试 6-CE	10	9	9	7	35
被试 7-EC	12	19	11	11	53
被试 7-CE	16	4	11	11	42
被试 8-EC	10	15	10	19	54
被试 8-CE	13	6	10	10	39
被试 9-EC	11	13	15	11	50
被试 9-CE	14	8	14	4	40
被试 10-EC	19	13	11	13	56
被试 10-CE	15	7	11	5	38

5.3.3 口译质量评分

  本实验邀请了三位在同声传译实践和教学领域具有丰富经验的高校教师担任评分专家。这些教师不仅具备深厚的口译专业知识，还在长期的教学过程中积累了对学生能力和错误类型的深入理解。因此，他们能够提供准确且有依据的质量评估，对译员的表现作出客观、权威的评价。专家的评分参与将有助于提升实验结果的可靠性和研究结论的有效性。

三位专家通过在线方式接收到评分材料的压缩包，内容包括一份口译质量评分表、实验同传录音文件以及相应的录音转写稿。专家需在五天内完成评分，并将填写完毕的口译质量评分表反馈提交。评分的标准依据Setton & Motta 提出的口译质量评分表，从"总体质量（Overall Quality）""传达性（Communicativity）"和"语言质量（Language Quality）"三个维度进行1—10 分的评分，其中最高为 10 分，最低为 1 分。"总体质量"的评分参考"传达性"和"语言质量"两个维度，评分参数的详细说明如下所示（见表5-12）：

表 5-12 **专家口译质量评分表**

评分参数	总体质量 （Overall Quality）	传达性 （Communicativity）	语言质量 （Language Quality）
英译中评分			
中译英评分			
总分			

9—10 分：表现极为出色，传达效果与语言质量均非常优异。

7—8 分：整体尚可，尽管存在一些小问题，但不至于显著影响理解。

6—7 分：勉强合格，可能会令听众感到一定程度的失望，但能看出译员尽力传达了信息。

4—5 分：基本不合格，翻译效果不够理想，无法满足质量要求。

1—3 分：质量极差，翻译结果完全无法接受，几乎无法使用。

在与三位专家沟通评分参数并进行简短培训后，共收集了三份评分表，针对 10 位译员在英译中和中译英两个方向的"总体质量"进行了统计分析，得出了以下评分结果（见表5-13）：

表 5-13　　　　　　　　　　专家口译质量评分统计

	专家 1	专家 2	专家 3
被试 1-EC	8.5	9	9
被试 1-CE	9	9	8.5
被试 2-EC	7.5	9	9
被试 2-CE	7	9	8.5
被试 3-EC	8.5	9	9.5
被试 3-CE	8	9	9
被试 4-EC	7.5	9	8.5
被试 4-CE	7.5	8	8
被试 5-EC	6	8.5	6.5
被试 5-CE	7.5	7.5	7.5
被试 6-EC	6.5	8.5	6.5
被试 6-CE	7	7.5	7
被试 7-EC	7	8.5	7
被试 7-CE	7.5	8	7.5
被试 8-EC	6.5	8.5	7
被试 8-CE	6.5	8	7.5
被试 9-EC	7.5	8.5	8
被试 9-CE	6.5	8	8
被试 10-EC	6.5	7.5	6.5
被试 10-CE	6.5	8	7

　　在本实验中，共有三位评分专家参与了对口译质量的评估。尽管这些评分者都经过了专业培训，但由于他们的主观偏好、个人经验和对材料的理解存在差异，评分结果可能会受到一定的影响。为揭示评分专家之间潜在的偏差并量化评分一致性，本研究采用"评分者间信度"（Inter-Rater Reliability，IRR）作为评估标准。具体来说，通过计算类内相关系数

（Intraclass Correlation Coefficient，ICC），来验证评分结果的稳定性、一致性和可靠性。

类内相关系数（ICC）是一种有效的统计方法，用于衡量不同评分者之间的一致性和信度。ICC 特别适用于多评分者参与的实验设计、重复测量的研究情境以及对测量工具信度的验证。ICC 的计算基于组内方差与总方差的比例，反映了组内一致性程度。高 ICC 值（接近于 1）表明组内方差在总方差中占据了较大比例，意味着同一组别内的测量结果高度一致；相反，低 ICC 值（接近于 0）则表明组内一致性较低，评分者之间的一致性不足。具体而言，ICC 数值在 0.75 至 1.00 之间表示评分者之间具有优秀的一致性，评分结果的信度非常高，这表明评分者的评估结果高度一致且可靠。

本研究采用类内相关系数模型对三组评分的信度进行了评估。具体而言，本研究分别计算了组内"总评分"（包括英译中评分和中译英评分）、"英译中评分"及"中译英评分"的信度，以检验评分结果的一致性。评分者间信度的具体结果见表 5-14 所示：

表 5-14　　　　　　　　专家评分组内信度类内相关系数计算

参数	总分	英译中评分	中译英评分
类内相关系数（ICC）	0.912	0.869	0.831

总评分的信度为 0.912，接近 1，表明三位评分者在英译中和中译英的整体评分中具有高度一致性，即在不同语言方向上的口译质量评估中表现出了较高的一致性和可靠性。英译中评分和中译英评分的信度分别为 0.869 和 0.831，虽然略低于总评分的信度，但仍处于较高的一致性水平（大于 0.75）。这表明，在评估英译中和中译英的口译质量时，评分者之间的评分结果较为一致，具有较高的可靠性。总体而言，这些信度值反映了评分者在口译质量判断上的高度共识，进一步支持了实验结果的可靠性。

第6章　实验数据分析

6.1　"词汇异同法"

本实验设定了两个自变量：翻译方向(英译汉、汉译英)和译员经验(经验丰富、经验欠缺)。根据 Helle V. Dam 提出的"词汇异同法"原则，对实验中的汉语和英语源语文本进行了片段切分，并将目标语文本与这些片段进行比对，识别和标记为 S、S(d)、S/D、D(s) 和 D，从而得出文本在翻译过程中"脱壳"的量化程度和比例。S 到 D 代表词汇相似度依次递减，即脱壳程度依次递增。本节将基于实验数据，分别分析翻译方向和译员经验对脱壳程度的影响，以探讨这两个自变量与翻译脱壳现象之间的关系。

6.1.1　翻译方向与脱离源语言外壳

本实验的同声传译涉及两个翻译方向：英译汉和汉译英。共有十位译员参与实验，根据他们的口译从业时间长短将其分为两组：经验丰富组(从业时间大于八年)和经验欠缺组(从业时间小于三年)，分别标记为组 1 和组 2。在尚不确定译员经验是否会对翻译方向与脱壳程度之间的关系产生影响的情况下，首先对十位译员在不同翻译方向上的脱壳情况进行分析。

在英译汉的翻译方向上，十位译员共译出 862 个目标语片段，其中 S、S(d)、S/D、D(s) 和 D 的数量分别为 439 个、281 个、39 个、64 个和 39

个。相应地，在汉译英的翻译方向上，十位译员共译出899个目标语片段，其中S、S(d)、S/D、D(s)和D的数量分别为463个、290个、43个、83个和21个。由此可见，十位译员在两个翻译方向上译出的片段总数相差不大，各类片段的数量也有所不同。接下来，对这五类片段在总片段中的占比进行计算，所得百分比结果经过四舍五入，反映了各类片段的大致比例。表6-1展示了这一分析的具体结果。

表6-1　　　　　英译汉和汉译英翻译方向上总体脱壳差异结果

	英译汉	汉译英	差异
S	51%	52%	−1
S(d)	34%	32%	−2
S/D	5%	5%	0
D(s)	7%	9%	+2
D	5%	2%	−3

通过表6-1可以看出，十位译员在英译汉和汉译英两个翻译方向上的S片段占比存在1%的负差异，这表明在英译汉过程中，译员的词汇相同片段更少，表现出微弱的脱壳倾向，但这一差异并不显著。此外，S(d)、S/D、D(s)和D在英译汉和汉译英方向上的差异分别为−2、0、2和−3。此结果表明，尽管两个翻译方向上的相异和相似片段比例大致相当，但以相似片段为主的S(d)和以相异片段为主的D(s)的表现各有高低。同时，相异片段D和以相异片段为主的D(s)之间的差异也未能表现出一致的趋势。因此，如果不考虑译员经验的因素，十位译员在英译汉和汉译英翻译方向上并未表现出明显的脱壳差异性。

为了排除译员经验的影响因素，分别对"经验丰富"组(组1)和"经验欠缺"组(组2)的译员在英译汉和汉译英两个同传翻译方向上的脱壳差异进行统计。

在英译汉的翻译方向上，组 1 译员共译出 454 个目标语片段，其中 S、S(d)、S/D、D(s) 和 D 的数量分别为 252 个、148 个、14 个、27 个和 13 个。相应地，在汉译英的翻译方向上，五位译员共译出 469 个目标语片段，其中 S、S(d)、S/D、D(s) 和 D 的数量分别为 231 个、157 个、23 个、46 个和 12 个。分别计算这五类片段在总片段中的占比，百分比结果经过四舍五入，反映了大致比例。表 6-2 展示了这一分析的具体结果。

表 6-2　　　　　英译汉和汉译英翻译方向上组 1 译员脱壳差异结果

	英译汉	汉译英	差异
S	55%	49%	6
S(d)	33%	33%	0
S/D	3%	5%	−2
D(s)	6%	10%	−4
D	3%	3%	0

从表 6-2 可以看出，组 1 的五位译员在英译汉和汉译英两个翻译方向上，S 片段的占比存在 6% 的差异，这一差异较为显著。这表明，在英译汉过程中，这五位译员的译文中相似的片段更多，目标语表现出较低的脱壳程度。此外，S(d)、S/D、D(s) 和 D 在英译汉和汉译英方向上的差异分别为 0、−2、−4 和 0。这个结果显示，在反映不同脱壳程度的相异片段中，译员在英译汉方向上的比例均较低或相似，表现出一定的一致性。因此，可以得出结论，这五位经验丰富的译员在英译汉方向上相较于汉译英方向，译文的脱壳程度较低。

为了进一步验证研究结论，有必要比较各个译员在英译汉和汉译英两个翻译方向上的脱壳表现。根据前述研究方法，Helle V. Dam 通过将 S 片段和 S(d) 片段的合并值与 D(s) 片段和 D 片段的合并值进行数值对比，来判定译文的脱壳程度。S 片段和 S(d) 片段的高合并值表明目标语与源语言在词汇上的相似性较高,脱壳程度较低;相反,D(s)片段和D片段的高合并值则表明目标语与源语言在词汇上的差异性较大,脱壳程度较高。表6-3统计了组1的五位译员在两个翻译方向上,S+S(d)片段和D(s)+D片段合并数值的具体情况。

表6-3　组1译员在两个翻译方向上S+S(d)片段和D(s)+D片段合并情况统计

翻译方向	片段	TT-1	TT-2	TT-3	TT-4	TT-5	均值
英译汉	S+S(d)	87%	84%	89%	94%	85%	88%
汉译英		85%	71%	86%	89%	83%	82%
英译汉	D(s)+D	9%	13%	7%	3%	12%	9%
汉译英		11%	24%	9%	8%	11%	13%

折线图是一种强大且常用的数据可视化工具,能够展示数据的变化趋势、突出数据的波动情况及进行数据对比。在利用折线图对比两组数据的数值大小时,每条线代表一组数据,通过观察线条的高度可以直观判断两组数据的相对大小。交叉点前后线条位置的变化能够揭示数据在这些点前后的趋势差异。

从表6-3中可以直观看出,组1译员以词汇相似为主的S+S(d)片段显著地大于以词汇相异为主的D(s)+D片段。为了更清晰地展示单个译员在英译汉和汉译英两个翻译方向上S+S(d)片段和D(s)+D片段合并数值的差异,将利用折线图可视化呈现数据分析的结果。

如图6-1所示,组1的五位译员在英译汉翻译方向上的S+S(d)片段合并数值均高于汉译英翻译方向上的相应数值。S+S(d)片段合并数值较高表明目标语与源语言在词汇上的相似性更高,可以据此判断,组1的五位译员在英译汉方向上的译文具有更高的词汇相似度,即脱壳程度较低。

如图6-2所示,组1的五位译员在汉译英翻译方向上的D(s)+D片段合并数值普遍高于英译汉翻译方向上的相应数值,显示出一定的规律性和一致性。然而,第五位译员是个例外,其目标语译文中的D(s)+D片段合并数值在英译汉方向上略高于汉译英方向。这一差异可能与该译员的个人偏好、风格或翻译策略有关。较高的 D(s)+D 片段合并数值表明目标语与源语言在词汇上的相异性更高,因此可以推断,组 1 的五位译员普遍在汉译英方向上的译文表现出更高的词汇相异度,即脱壳程度较高。换言之,五位译员普遍在英译汉的翻译方向上表现出较低的脱壳程度。

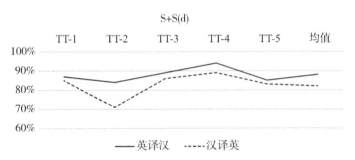

图 6-1　组 1 译员在两个翻译方向上 S+S(d)片段差异对比

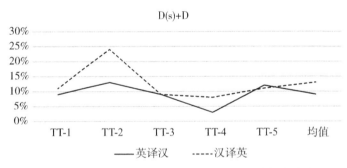

图 6-2　组 1 译员在两个翻译方向上 D(s)+D 片段差异对比

综上所述,通过对整体数据的分析和个体表现的比较,可以发现组 1 的译员在同声传译译入母语(英译汉)时,目标语中以相似为主的片段比例较大,语言脱壳程度较低;而在同声传译译入外语(汉译英)时,目标语的表达更加灵活,语言脱壳程度更高。

随后,对组 2"经验欠缺"组的译员在英译汉和汉译英两个同传翻译方向上的脱壳差异进行统计。在英译汉的翻译方向上,组 2 译员共译出 408

个目标语片段，其中 S、S(d)、S/D、D(s) 和 D 的数量分别为 187 个、133
个、25 个、37 个和 26 个。相应地，在汉译英的翻译方向上，五位译员共
译出 430 个目标语片段，其中 S、S(d)、S/D、D(s) 和 D 的数量分别为
232 个、133 个、20 个、37 个和 9 个。分别计算这五类片段在总片段中的
占比，百分比结果经过四舍五入，反映了大致比例。表 6-4 展示了这一分
析的具体结果。

表 6-4　　　　　英译汉和汉译英翻译方向上组 2 译员脱壳差异结果

	英译汉	汉译英	差异
S	46%	54%	-9
S(d)	33%	31%	2
S/D	6%	5%	1
D(s)	9%	9%	0
D	6%	2%	4

根据表 6-4 可以看出，组 2 的五位译员在英译汉和汉译英两个翻译方
向上，S 片段的占比相差 9，这一差异较为显著。这表明在英译汉过程中，
这五位译员的译文中相似片段较少，目标语言的脱壳程度较高。此外，S
(d)、S/D、D(s) 和 D 片段在英译汉和汉译英方向上的差异分别为 2、1、
0 和 4。这一结果表明，反映不同脱壳程度的相异片段在英译汉方向上的比
例普遍更高或相似，显示出一定程度的一致性。因此，可以得出结论，这
五位经验较少的译员在英译汉方向上的译文脱壳程度相对较高。

为了进一步验证研究结论，对组 2 中每位译员在英译汉和汉译英两个
翻译方向上的具体脱壳表现进行了统计。如前文所述，S 片段和 S(d) 片段
的合并值表示目标语与源语言在词汇上相似度较高的片段，而 D(s) 片段和
D 片段的合并值则表示目标语与源语言在词汇上差异度较高的片段。表 6-5
统计了组 2 五位译员在这两个翻译方向上，S+S(d) 片段和 D(s)+D 片段合
并数值的具体情况。

表 6-5　　　　　　　 **组 2 译员在两个翻译方向上 S+S(d) 片段**

和 D(s) +D 片段合并情况统计

翻译方向	片段	TT-6	TT-7	TT-8	TT-9	TT-10	均值
英译汉	S+S(d)	80%	82%	68%	84%	75%	79%
汉译英		86%	88%	79%	86%	85%	85%
英译汉	D(s) +D	12%	12%	28%	10%	19%	15%
汉译英		11%	8%	16%	9%	9%	11%

从表 6-5 中可以直观看出，组 2 译员以词汇相似为主的 S+S(d) 片段显著地大于以词汇相异为主的 D(s) +D 片段。图 6-3、图 6-4 两张折线图更直观地展示了每位译员在英译汉和汉译英两个翻译方向上，S+S(d) 片段和 D(s) +D 片段合并数值的差异。

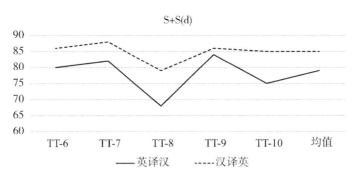

图 6-3　组 2 译员在两个翻译方向上 S+S(d) 片段差异对比

如图 6-3 所示，组 2 的五位译员在英译汉翻译方向上的 S+S(d) 片段合并数值均低于汉译英翻译方向上的相应数值。较低的 S+S(d) 片段合并数值表明目标语与源语言在词汇上的相似度较低，因此可以推断，这五位译员在英译汉方向上的译文词汇相似度较低，即脱壳程度较高。

如图 6-4 所示，组 2 的五位译员在英译汉翻译方向上的 D(s) +D 片段合并数值均高于汉译英翻译方向上的相应数值。较高的 D(s) +D 片段合并

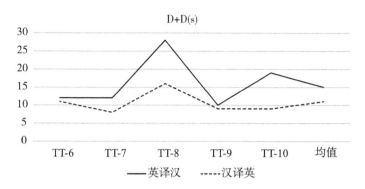

图 6-4　组 2 译员在两个翻译方向上 D(s)+D 片段差异对比

数值表明目标语与源语言在词汇上的相异性更高，因此可以推断，组 2 的五位译员普遍在英译汉方向上的译文表现出更高的词汇相异度，即脱壳程度较高。

　　综上所述，通过对第二组译员整体数据的分析和个体表现的比较，可以发现在同声传译译入母语(英译汉)时，该组译员的目标语表达更为灵活，以相异为主的片段比例较高，语言脱壳程度较高；而在同声传译译入外语(汉译英)时，目标语中以相似为主的片段比例较高，即语言脱壳程度较低。

　　总之，通过探讨翻译方向对脱壳的影响，经分析发现，以词汇相似为主的片段占绝大多数，即译文皆以基于形式的翻译为主。具体分析，如果不考虑译员水平差异，十位被试译员在英译汉和汉译英两个翻译方向上并未表现出明显且一致的脱壳差异。然而，当根据经验水平对译员进行分组分析时，发现经验丰富的译员和经验欠缺的译员在脱壳程度上表现出相反的趋势。具体而言，经验丰富的译员在译入母语时的脱壳程度较低，而在译入外语时则相对较高；相反，经验欠缺的译员在译入母语时表现出更大的自由表达度，而在译入外语时则倾向于采用更高程度的相似词汇形式进行表达。

6.1.2　译员经验与脱离源语言外壳

本次同声传译实验的十位译员根据其从业时间被分为两组：经验丰富组（从业时间超过八年）和经验欠缺组（从业时间少于三年），涵盖了两个翻译方向：英译汉和汉译英。在尚不确定翻译方向是否会对译员的经验与脱壳程度之间的关系产生影响的情况下，不考虑翻译方向的差异，对十位译员分组进行脱壳情况的统计分析。

在两个翻译方向上，经验丰富组（组 1）的五位译员共译出 923 个目标语片段，其中 S、S(d)、S/D、D(s) 和 D 的数量分别为 483 个、305 个、37 个、73 个和 25 个。相应地，经验欠缺组（组 2）的五位译员共译出 838 个目标语片段，其中 S、S(d)、S/D、D(s) 和 D 的数量分别为 419 个、266 个、45 个、74 个和 35 个。分别计算这五类片段在总片段中的占比，百分比结果经过四舍五入，反映了大致比例。表 6-6 展示了这一分析的具体结果。

表 6-6　　　　　　　　　**组 1 译员和组 2 译员总体脱壳差异结果**

	组 1	组 2	差异
S	52%	50%	2
S(d)	33%	32%	1
S/D	4%	5%	−1
D(s)	8%	9%	−1
D	3%	4%	−1

通过表 6-6 可以看出，组 1 译员和组 2 译员在两个翻译方向上以词汇相似为主的 S 片段和 S(d) 片段占比分别存在 2 和 1 的差异，而 S/D、D(s) 和 D 片段在两组译员中的脱壳差异分别为 −1、−1 和 −1，表现出一定的一致性。这表明，在以词汇相似为主的 S 和 S(d) 片段中，组 1 译员较组 2 译员存在正差异，即目标语中词汇相似的表达更多，脱壳程度较低；

而在以词汇相异为主的 D(s) 和 D 片段中，组 1 译员较组 2 译员存在负差异，说明组 1 译员使用以词汇相异为主的自由表达片段较少，脱壳程度也较低。总体来看，组 2 译员表现出比组 1 译员略强的脱壳倾向。然而，这一差异并不显著，主观误差的判定或译员个体的策略选择可能导致这种微弱的差异。因此，目前就组 1 译员和组 2 译员总体脱壳差异的数据分析，尚无法得出具有代表性的结论。

此外，组 1 译员和组 2 译员在译出的目标语片段数量上存在明显差异。组 1 译员译出的片段总数为 923 个，显著多于组 2 译员的 838 个片段。此外，在以词汇相似为主的 S 片段和 S(d) 片段数量上，组 1 译员也明显多于组 2 译员（483 个对 409 个，305 个对 266 个）。然而，在 S/D、D(s) 和 D 片段的数量上，组 1 译员的译出数量少于组 2 译员。这表明，组 1 译员不仅总体上译出片段更多，而且更倾向于使用词汇相似的片段；相反，组 2 译员则译出片段较少，更倾向于使用词汇相异的片段。这种差异可能反映了组 2 译员在翻译过程中存在片段合并、重新表达或信息遗漏的情况。后续的研究将结合"质化和量化交佐法"对此进行进一步验证和讨论。图 6-5 展示了组 1 译员和组 2 译员译出的目标语片段数量差异的具体对比。

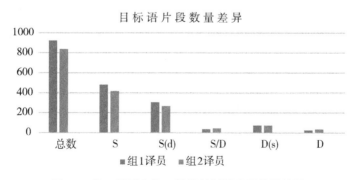

图 6-5　组 1 译员和组 2 译员目标语片段数量差异

为了排除翻译方向的影响因素，分别在英译汉和汉译英两个同传翻译方向上对组 1 和组 2 的译员的脱壳差异进行统计。

　　组 1 的译员，在英译汉的翻译方向上，共译出 454 个目标语片段，其中 S、S(d)、S/D、D(s) 和 D 的数量分别为 252 个、148 个、14 个、27 个和 13 个。相应地，组 2 的译员在英译汉的翻译方向上，共译出 408 个目标语片段，其中 S、S(d)、S/D、D(s) 和 D 的数量分别为 187 个、133 个、25 个、37 个和 26 个。分别计算这五类片段在总片段中的占比，百分比结果经过四舍五入，反映了大致比例。表 6-7 展示了这一分析的具体结果。

表 6-7　　　英译汉翻译方向上组 1 译员和组 2 译员脱壳差异结果

	组 1	组 2	差异
S	55%	46%	9
S(d)	33%	33%	0
S/D	3%	6%	−3
D(s)	6%	9%	−3
D	3%	6%	−3

　　根据表 6-7 可以看出，在英译汉的翻译方向上，组 1 译员和组 2 译员译出的 S 片段占比相差 9，这一差异较为显著。这表明在英译汉过程中，组 1 译员的译文中相似片段更多，目标语言的脱壳程度较低。此外，S(d) 片段在两组译员之间的译出比例无显著差异，而 S/D、D(s) 和 D 片段在英译汉方向上的差异分别为 −3、−3 和 −3，显示出一定的一致性和规律性。这一结果表明，组 1 译员的译文在包含不同脱壳程度的相异片段上的比例较低，即脱壳程度较低。因此，可以得出结论，在英译汉的翻译方向上，组 1 译员的译文脱壳程度低于组 2 译员的译文。

　　为了进一步验证研究结论，在英译汉的翻译方向上，将两组译员的个体脱壳表现进行统计。根据前述研究方法，可将 S 片段和 S(d) 片段的合并值与 D(s) 片段和 D 片段的合并值进行数值对比，来判定译文的脱壳程度。表 6-8 统计了在英译汉的翻译方向上，组 1 和组 2 的译员 S+S(d) 和 D(s)+D 片段合并数值的具体情况。

表 6-8   英译汉翻译方向上组 1 译员和组 2 译员 S+S(d)
            和 D(s) +D 片段合并情况统计

组别	译员	S+S(d)	D(s) +D
组 1	TT-1	87%	9%
	TT-2	84%	13%
	TT-3	89%	7%
	TT-4	94%	3%
	TT-5	85%	12%
	均值	88%	9%
组 2	TT-6	80%	12%
	TT-7	82%	12%
	TT-8	68%	28%
	TT-9	84%	10%
	TT-10	75%	19%
	均值	79%	15%

图 6-6、图 6-7 这两张折线图更直观地展示了两组译员在英译汉翻译方向上，S+S(d) 片段和 D(s) +D 片段合并数值的差异。

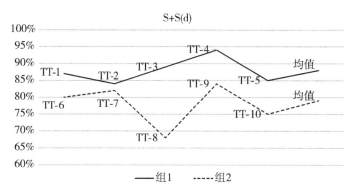

图 6-6 组 1 译员和组 2 译员在英译汉方向上 S+S(d) 片段差异对比

如图 6-6 所示，在英译汉的翻译方向上，组 1 的五位译员的 S+S(d) 片段合并数值均高于组 2 译员的相应数值，表现出一定程度的一致性。较高的 S+S(d) 片段合并数值表明目标语言与源语在词汇上的相似度较高，因此可以推断，组 1 译员的英译汉译文词汇相似度普遍较高，即脱壳程度较低。

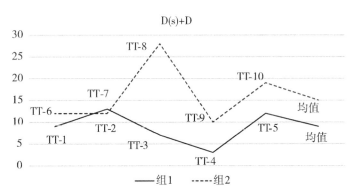

图 6-7 组 1 译员和组 2 译员在英译汉方向上 D(s)+D 片段差异对比

如图 6-7 所示，在英译汉的翻译方向上，组 1 的五位译员的 D(s)+D 片段合并数值普遍低于组 2 译员的相应数值。除了 TT-2，即组 1 中的第二位译员，其 D(s)+D 片段数值略高，这一差异可能与该译员的个人偏好、风格或翻译策略有关。组 1 普遍较低的 D(s)+D 片段合并数值表明目标语与源语言在词汇上的相异性较低，因此可以基本推断，组 1 的译员在英译汉方向上的译文普遍表现出较低的词汇相异度，即脱壳程度较低。

综上所述，通过对整体数据的分析和个体表现的比较，可以发现在同声传译译入母语（英译汉）时，组 1 译员的目标语中以相似为主的片段比例较大，语言脱壳程度较低；而组 2 译员目标语的表达更加灵活，语言脱壳程度较高。

随后，对两组译员在汉译英同传翻译方向上的脱壳差异进行统计。在汉译英的翻译方向上，组 1 译员共译出 469 个目标语片段，其中 S、S(d)、S/D、D(s) 和 D 的数量分别为 231 个、157 个、23 个、46 个和 12 个。相应地，组 2 译员共译出 430 个目标语片段，其中 S、S(d)、S/D、D(s) 和

D 的数量分别为 232 个、133 个、20 个、37 个和 9 个。分别计算这五类片段在总片段中的占比，百分比结果经过四舍五入，反映了大致比例。表 6-9 展示了这一分析的具体结果。

表 6-9　　汉译英翻译方向上组 1 译员和组 2 译员脱壳差异结果

	组 1	组 2	差异
S	49%	54%	−5
S(d)	33%	31%	2
S/D	5%	5%	0
D(s)	10%	9%	1
D	3%	2%	1

根据表 6-9 可以看出，在汉译英的翻译方向上，组 1 的五位译员和组 2 的五位译员相比，S 片段的占比差异为−5，这一差异有一定显著性。这表明在汉译英的过程中，组 1 译员的译文中相似片段较少，目标语言的脱壳程度较高。此外，S(d)、S/D、D(s) 和 D 片段在英译汉和汉译英方向上的差异分别为 2、0、1 和 1。这一结果表明，在汉译英的翻译方向上，反映不同脱壳程度的相异片段在组 1 译员的译文中比例普遍更高或相似，显示出一定程度的一致性。因此，可以初步得出结论，在汉译英的翻译方向上，经验丰富的译员的译文脱壳程度相对较高。但是这一结论尚不具有代表性，因为该差异并不显著，主观误差的判定或译员个体的策略选择可能导致这种微弱的差异。因此，在汉译英的翻译方向上，两组译员脱壳程度的高低需结合后文"质化和量化交佐法"来进一步判定。

为进一步验证研究结论，对两组译员在汉译英翻译方向上的脱壳表现进行了统计分析。依据先前的研究方法，可以通过比较 S 片段和 S(d) 片段的合并值与 D(s) 片段和 D 片段的合并值，来判断译文的脱壳程度。表 6-10 展示了在汉译英的翻译方向上，组 1 译员和组 2 译员的 S+S(d) 片段合并值和 D(s)+D 片段合并值的具体情况。

表 6-10   汉译英翻译方向上组 1 译员和组 2 译员 S+S(d) 和 D(s)+D

片段合并情况统计

组别	译员	S+S(d)	D(s)+D
组 1	TT-1	85%	11%
	TT-2	71%	20%
	TT-3	86%	9%
	TT-4	89%	8%
	TT-5	83%	10%
	均值	82%	13%
组 2	TT-6	86%	11%
	TT-7	88%	8%
	TT-8	79%	16%
	TT-9	86%	9%
	TT-10	85%	9%
	均值	85%	11%

图 6-8、图 6-9 这两张折线图更直观地展示了两组译员在汉译英翻译方向上，S+S(d) 片段和 D(s)+D 片段合并数值的差异。

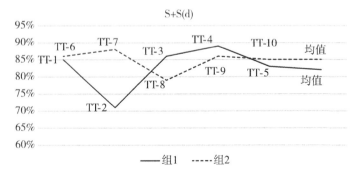

图 6-8   组 1 译员和组 2 译员在汉译英方向上 S+S(d) 片段差异对比

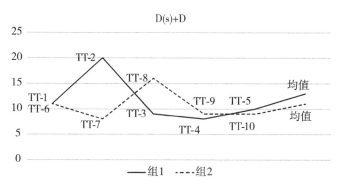

图 6-9　组 1 译员和组 2 译员在汉译英方向上 D(s)+D 片段差异对比

　　如图 6-8 所示，在汉译英的翻译方向上，尽管组 2 译员的 S+S(d) 片段均值略高于组 1 译员，但从个体表现来看，两组译员的 S+S(d) 片段合并数值并无一致性的显著差异。具体而言，组 1 的 TT-2 译员的 S+S(d) 片段合并数值显著低于组 2 所有译员的相应数值，而组 1 中的 TT-3 和 TT-4 译员的 S+S(d) 片段合并数值却明显高于组 2 的 TT-8、TT-9 和 TT-10 译员以及组 2 的均值。这表明，译员之间存在较大的个体差异，难以发现明显的规律性。因此，基于个体译员的表现比较，在汉译英的翻译方向上，组 1 译员和组 2 译员之间的 S+S(d) 片段差异性并不足以得出具有代表性的结论。

　　如图 6-9 所示，在汉译英的翻译方向上，尽管组 1 译员的 D(s)+D 片段均值略高于组 2 译员，但从个体表现来看，两组译员的 D(s)+D 片段合并数值并未表现出显著的一致性差异。具体来说，除了组 1 的 TT-2 译员，其 D(s)+D 片段合并数值显著高于组 2 所有译员，其余组 1 和组 2 译员的 D(s)+D 片段合并数值各有高低，表现出较大的个体差异，难以发现明显的规律性。因此，从个体译员的表现来看，在汉译英的翻译方向上，组 1 译员和组 2 译员之间 D(s)+D 片段的差异性不足以得出具有普遍代表性的结论。

　　综上所述，通过对整体数据的分析及个体表现的比较可以发现，在同声传译译入外语(汉译英)时，组 1 译员的目标语中以相异片段为主的比例略高，表现出更高的语言脱壳程度。然而，两组译员之间的差异性并不显著。尤其是在对个体表现进行分析后，发现两组译员之间存在较大的个体差异，并无明显一致性规律。因此，综合考虑，组 1 译员和组 2 译员在译入外语时的语言脱壳程度并无法得出显著性差异的结论。

总之，通过探讨译员经验对语言脱壳的影响，经分析发现，如果不考虑翻译方向的差异，则经验丰富的译员在翻译时能译出更多的目标语片段，尤其是以词汇形式相似为主的片段，并表现出稍多基于词汇形式翻译的倾向，即脱壳程度略低，但这一差异并不显著。然而，当对两组译员按翻译方向进行分类分析时发现，在译入母语的过程中，经验丰富的译员倾向于采用较高程度的相似词汇形式进行表达，脱壳程度较低；相反，经验欠缺的译员则表现出较高的脱壳程度。而在译入外语的情况下，尽管整体上经验丰富的译员相比经验欠缺的译员具有略高的自由表达度，但这一差异并不显著，个体表现差异性较大，因此难以得出具有代表性的结论。

6.1.3　小结

根据 Helle V. Dam 的"词汇异同法"原则，对经验丰富和经验欠缺的译员在英译汉和汉译英两个翻译方向上的目标语与实验源语片段进行比对和定义，得出 S、S(d)、S/D、D(s) 和 D 片段占比数据，来分析语言的脱壳程度。数据分析从两个维度进行：翻译方向和译员经验。

从翻译方向的角度进行分析时，如果不考虑译员水平差异，将十位被试译员在英译汉和汉译英两个翻译方向上的脱壳数据进行比较，未显示出明显且一致的脱壳差异。然而，当按经验水平对这十位译员进行分组分析时，两组译员在脱壳程度上表现出相反的趋势。具体来说，经验丰富的译员在译入母语时的脱壳程度较低，而在译入外语时则较高。相反，经验较少的译员在译入母语时的脱壳程度较高，而在译入外语时则较低。

从译员经验的角度进行分析时，如果不考虑翻译方向的差异，将十位被试译员按照经验水平分组，并比较其目标语片段的脱壳数据，结果发现，经验丰富的译员译出的目标语片段数量明显更多，尤其是以相似词汇形式的片段为主，整体上表现出略低的脱壳程度，但这一差异并不显著。然而，当根据翻译方向对两组译员进行分类分析时发现，在译入母语时，经验丰富的译员脱壳程度较低，而经验较少的译员则表现出较高的脱壳程度。相反，在译入外语时，虽然经验丰富的译员整体上相较于经验较少的译员具有略高的自由表达度，但这一差异并不显著，且个体表现差异较大，因此难以得出具有代表性的结论。

综上所述，根据 Helle V. Dam 的"词汇异同法"原则，可以基本得出以下分析结论：

（1）经验丰富的译员在译入母语时的脱壳程度较低，而经验不足的译员在译入母语时则表现出更高的脱壳程度。

（2）译入母语时，经验丰富的译员的脱壳程度低于经验不足的译员；而在译入外语时，尽管经验丰富的译员的脱壳程度略高于经验不足的译员，但这种差异并不显著。

6.2 "质化和量化交佐法"

根据 Setton & Motta 的脱壳量化方法，对实验中的英译汉和汉译英的目标语文本按照 E1、E2、P1 和 P2 进行脱壳量化统计。本实验的自变量包括翻译方向（英译汉、汉译英）和译员经验（经验丰富、经验欠缺），因变量则为脱壳程度和口译质量。本节将基于实验数据，使用 SPSS 统计软件进行分析，并将数据交由一位统计学专业人员进行复算。统计分析方法主要涵盖以下几个方面：

（1）配对样本 T 检验：用于检验同一组对象在两个不同条件下的均值差异是否显著。本实验具体包括两个维度：一是相同经验水平的译员在不同翻译方向上的脱壳均值差异，二是相同翻译方向上不同经验水平译员的脱壳均值差异。通过配对样本 T 检验，可以推断这些差异是否显著，从而检验自变量对因变量的影响是否显著，评估因变量和自变量之间的关系。同时，该检验结果也可进一步验证和比较基于"词汇异同法"得出的脱壳程度差异。

（2）数据可视化：通过图表直观地展示译员经验水平和口译质量之间的关系，以便更清晰地理解数据趋势。

（3）相关性分析：用皮尔逊相关系数（Pearson Correlation Coefficient）来计算分析在不同翻译方向上，不同经验水平的译员在脱壳程度上和口译质量之间的关系。

（4）回归分析：从多元数据中识别出哪两个或者更多自变量最能决定因变量。本实验具体分析自变量脱壳参数 E1、E2、P1、P2、E1＋E2 和 P1＋P2 的数值与因变量口译质量之间是否存在因果关系。

6.2.1 配对样本 T 检验

样本 T 检验，也称为 Student's t 检验（Student's test），主要用于样本量较小（通常 n<30）且总体标准差 σ 未知的正态分布数据。配对样本 T 检验的主要目的是比较同一组对象在两种不同条件下的均值差异，以判断这些差异是否具有统计显著性。该方法可以帮助研究人员验证实验中因变量和自变量之间关系的有效性。

具体而言，自变量是实验中故意改变的条件或处理，以观察其对因变量的影响。自变量的不同水平（如实验前和实验后）被用来评估其对因变量的影响。而因变量是研究中被测量或观察的变量，其值随着实验条件的变化而变化，反映了实验处理或条件的效果。通过配对样本 T 检验，可以比较同一组被试者在不同条件（或时间点）下因变量的均值，研究人员能够检验自变量（不同条件或时间点）对因变量的影响是否显著。

本实验中，自变量包括翻译方向（英译汉、汉译英）和译员的经验水平（经验丰富、经验欠缺），因变量仅分析脱壳数量。脱壳数量越大，脱壳程度越高。研究旨在检验以下几方面的差异：不同翻译方向上脱壳均值总差异，相同经验水平的译员在不同翻译方向上的脱壳均值差异，不同经验水平译员的脱壳均值总差异，以及相同翻译方向上不同经验水平译员的脱壳均值差异。因此，本分析需要进行六个配对样本 T 检验，分别为：不同翻译方向(英译汉、汉译英)上的脱壳均值差异；经验丰富的译员在不同翻译方向(英译汉、汉译英)上的脱壳均值差异；经验欠缺的译员在不同翻译方向(英译汉、汉译英)上的脱壳均值差异；不同经验水平(经验丰富、经验欠缺)的译员的脱壳均值总差异；在英译汉翻译方向上，不同经验水平(经验丰富、经验欠缺)的译员的脱壳均值差异；在汉译英翻译方向上，不同经验水平(经验丰富、经验欠缺)的译员的脱壳均值差异。

实验数据整理后，将使用 SPSS 软件对配对样本进行 T 检验，以推断自变量对因变量的影响是否显著。通过比较、计算得到 T 值，根据表 6-11 中给出的 T 值与差异显著性之间的关系来作出判断。

表 6-11　　　　**T 值与差异显著性关系表(孙海琴，2012：66)**

T	P 值	差异显著程度
$T \geq T(df)0.01$	$P \leq 0.05$	差异显著
$T \geq T(df)0.05$	$P \leq 0.1$	差异显著
$T < T(df)0.05$	$P > 0.1$	差异不显著

如果显著性水平(P)低于 0.05，则说明两变量间显著相关，但考虑到本文实验收集样本量小，可以把比较标准放宽到 0.10，即 $P \leq 0.1$，仍可认为两变量间显著相关。

在不同翻译方向(英译汉、汉译英)上，对两组译员的脱壳均值进行配对样本 T 检验。自变量为翻译方向(英译汉、汉译英)，因变量为脱壳数量。计算结果如表 6-12 所示：

表 6-12　　　　**汉译英和英译汉脱壳数量配对样本 T 检验**

	配 对 差 值					T	自由度	显著性(双尾)
	平均值	标准差	标准误差平均值	差值95%置信区间		T	自由度	显著性(双尾)
				下限	上限			
汉译英和英译汉	-1.300	18.068	5.714	-14.225	11.625	-0.228	9	0.825

由表 6-12 可知，T=-0.228，显著性（双尾）即 P=0.825，P 值>0.1，说明两段均值差异性不显著。表明整体而言，翻译方向这一自变量对脱壳程度这一因变量的影响并不显著。因此，无法得出两组译员在哪个翻译方向上脱壳程度更高的结论。

在不同翻译方向(英译汉、汉译英)上，对经验丰富的译员的脱壳均值进行配对样本 T 检验。自变量为翻译方向(英译汉、汉译英)，因变量为脱壳数量。经验丰富的译员组标记为组 1，而经验不足的译员组标记为组 2。计算结果如表 6-13 所示：

表 6-13　　　**组 1 译员汉译英和英译汉脱壳数量配对样本 T 检验**

	配 对 差 值					T	自由度	显著性（双尾）
	平均值	标准差	标准误差平均值	差值95%置信区间				
				下限	上限			
组 1 汉译英和组 1 英译汉	12.200	16.131	7.214	-7.829	32.229	1.691	4	0.166

由表 6-13 可知，T=1.691，显著性（双尾）即 P=0.166，P 值>0.1，说明两段均值差异性不显著。表明对于经验丰富的译员而言，翻译方向这一自变量对脱壳程度这一因变量的影响并不显著。因此，无法得出经验丰富的译员在哪个翻译方向上脱壳程度更高的结论。

在不同翻译方向(英译汉、汉译英)上，对经验欠缺的译员的脱壳均值进行配对样本 T 检验。自变量为翻译方向(英译汉、汉译英)，因变量为脱壳数量。计算结果如表 6-14 所示：

表 6-14　　　**组 2 译员汉译英和英译汉脱壳数量配对样本 T 检验**

	配 对 差 值					T	自由度	显著性（双尾）
	平均值	标准差	标准误差平均值	差值95%置信区间				
				下限	上限			
组 2 汉译英和组 2 英译汉	-14.800	4.324	1.934	-20.169	-9.431	-7.653	4	0.002

由表 6-14 可知，T＝－7.653，显著性（双尾）即 P＝0.002<0.05，P 值<0.05，已经达到 0.05 显著水平，说明两段均值存在显著差异。根据对样本平均值（－14.800）和 T 值的分析，组 2 在英译汉方向上的均值高于汉译英方向上的均值。负 T 值表明汉译英时的脱壳水平有显著上升。因此，可以得出结论：对于经验不足的译员而言，译入母语（英译汉）时的脱壳程度更高。

对不同经验水平（经验丰富、经验欠缺）的译员的脱壳均值进行配对样本 T 检验，两个翻译方向的脱壳值均计算在内。自变量为经验水平（经验丰富、经验欠缺），因变量为脱壳数量。计算结果如表 6-15 所示：

表 6-15　　　　　　　组 1 译员和组 2 译员脱壳数量配对样本 T 检验

	配 对 差 值					T	自由度	显著性（双尾）
	平均值	标准差	标准误差平均值	差值95%置信区间				
				下限	上限			
组 1 和组 2	4.900	16.155	5.109	－6.657	16.457	0.959	9	0.363

由表 6-15 可知，T＝0.959，显著性（双尾）即 P＝0.363，P 值>0.1，说明两段均值差异性不显著。表明整体而言，经验水平这一自变量对脱壳程度这一因变量的影响并不显著。因此，无法得出哪一组译员的脱壳程度更高的结论。

在英译汉的翻译方向上，对不同经验水平（经验丰富、经验欠缺）的译员的脱壳均值进行配对样本 T 检验。自变量为经验水平（经验丰富、经验欠缺），因变量为脱壳数量。计算结果如表 6-16 所示：

表 6-16　英译汉方向上组 1 译员和组 2 译员脱壳数量配对样本 T 检验

	配 对 差 值					T	自由度	显著性（双尾）
	平均值	标准差	标准误差平均值	差值95%置信区间				
				下限	上限			
组 1 英译汉和组 2 英译汉	－8.600	4.615	2.064	－14.331	－2.870	－4.167	4	0.014

由表 6-16 可知，T=-4.167，显著性（双尾）即 P=0.014<0.05，P 值<0.05，已经达到 0.05 显著水平，说明两段均值存在显著差异。根据对样本平均值（-8.600）和 T 值的分析，在英译汉的翻译方向上，组 2 的均值高于组 1 的均值。负 T 值表明组 2 的脱壳水平有显著上升。因此，可以得出结论：译入母语（英译汉）时，经验欠缺的译员的脱壳程度更高。

在汉译英的翻译方向上，对不同经验水平（经验丰富、经验欠缺）的译员的脱壳均值进行配对样本 T 检验。自变量为经验水平（经验丰富、经验欠缺），因变量为脱壳数量。计算结果如表 6-17 所示：

表 6-17　汉译英方向上组 1 译员和组 2 译员脱壳数量配对样本 T 检验

	配 对 差 值					T	自由度	显著性（双尾）
	平均值	标准差	标准误差平均值	差值 95% 置信区间				
				下限	上限			
组 1 汉译英和组 2 汉译英	18.400	10.502	4.697	5.360	31.440	3.918	4	0.017

由表 6-17 可知，T=3.918，显著性（双尾）即 P=0.017<0.05，P 值<0.05，已经达到 0.05 显著水平，说明两段均值存在显著差异。根据对样本平均值（18.400）和 T 值的分析，在汉译英的翻译方向上，组 1 的均值高于组 2 的均值。正 T 值表明组 1 的脱壳水平显著高于组 2。因此，可以得出结论：译入外语（汉译英）时，经验丰富的译员的脱壳程度更高。

综上所述，根据六组配对样本 T 检验得出：①若不考虑译员的经验水平，两个翻译方向上的脱壳差异并不显著。②对于经验丰富的译员，无法判断在哪个翻译方向上的脱壳程度更高，而经验欠缺的译员在译入母语时则表现出更高的脱壳程度。③若不考虑翻译方向，不同经验水平的译员的脱壳差异并不显著。④在译入母语时，经验欠缺的译员比经验丰富的译员的脱壳程度更高；而在译入外语时，经验丰富的译员比经验欠缺的译员的脱壳程度更高。

6.2.2 数据可视化

数据可视化可以被视为统计分析方法的一部分。尽管它主要侧重于呈现数据和揭示数据模式，但在数据探索、模式和关系识别、结果呈现及决策支持方面，它与统计分析的目标相辅相成，发挥着重要作用。数据可视化工具种类多样，包括散点图、直方图、折线图、面积图和箱线图等。

重叠面积图是一种有效的视觉工具，其将两组数据绘制在同一个图中，并使用不同的颜色来区分数据组。如果在所有对应位置上，第一组数据的面积曲线始终高于第二组数据的面积曲线，则可以认为第一组数据整体高于第二组数据。反之，如果在任何位置上第一组的面积低于第二组，则表明第一组数据并不总是高于第二组。这种方法能够让阅读者直观地感知数据之间的差异和模式，而无须逐一查看具体数值。前文所提的折线图也是一种强大且常用的数据可视化工具，能够展示数据的变化趋势、突出数据的波动情况及进行数据对比。

三位口译专家对十位被试译员在两个翻译方向上的同传表现进行了评分。为了检验不同经验水平(经验丰富、经验欠缺)的译员在口译质量上是否存在显著差异，本分析采用数据可视化工具中的重叠面积图，以直观地展示数据。通过这种方式，可以清晰地观察到两组译员在不同翻译方向上的表现差异，从而有效地评估经验水平对口译质量的影响。同时，为了检验相同经验水平的译员在不同翻译方向(英译汉、汉译英)上的口译质量是否存在差异，本分析采用折线图进行数据对比，通过数据线条高度、交叉点、区域距离等评估翻译方向是否对译员的口译质量产生影响。

口译质量评分数据从以下六个维度进行分析：一是在两个翻译方向上两组译员的口译评分总分差异，二是在英译汉翻译方向上两组译员的口译评分差异，三是在汉译英翻译方向上两组译员的口译评分差异，四是两组译员在两个翻译方向上的口译评分差异，五是经验丰富的译员在英译汉和汉译英翻译方向上的口译评分差异，六是经验欠缺的译员在英译汉和汉译英翻译方向上的口译评分差异。

(1)对两组译员在两个翻译方向上的三位专家均分分数进行求和，统计其总分，结果如表 6-18 所示：

表 6-18　　　　　　　　　　　　**译员口译评分总分统计**

	口译评分总分
被试 1	17.6
被试 2	16.7
被试 3	17.7
被试 4	16.1
被试 5	14.5
被试 6	14.4
被试 7	15.2
被试 8	14.6
被试 9	15.5
被试 10	14

被试 1 至被试 5 为组 1(经验丰富组)译员，被试 6 至被试 10 为组 2(经验欠缺组)译员。组 1 译员的总分平均值为 16.52，而组 2 译员的总分平均值为 14.74，低于组 1 译员的得分。图 6-10 将可视化展示两组数据的差别。

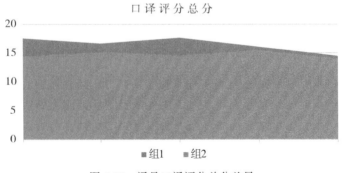

图 6-10　译员口译评分总分差异

从图 6-10 可以直观地看出，组 1 的数据整体高于组 2 的数据，组 1 与组2的重叠部分完全覆盖了组2。因此，通过该重叠面积图可以发现，经验丰富的译员的口译质量评分普遍高于经验欠缺的译员。

（2）对两组译员在英译汉方向上的三位专家均分进行统计，结果如表6-19所示：

表6-19 译员英译汉口译评分统计

	英译汉口译评分
被试1	8.8
被试2	8.5
被试3	9
被试4	8.3
被试5	7
被试6	7.2
被试7	7.5
被试8	7.3
被试9	8
被试10	6.8

组1译员的英译汉口译评分平均值为8.32，而组2译员的英译汉口译评分平均值为7.36，低于组1译员的得分。图6-11将可视化展示两组数据的差别。

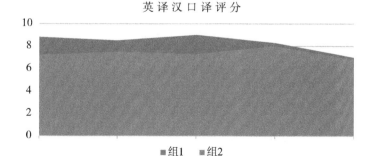

图6-11 译员英译汉口译评分差异

从图 6-11 可以直观地看出，组 1 的数据整体高于组 2 的数据，组 1 与组 2 的重叠部分完全覆盖了组 2。因此，通过该重叠面积图可以发现，经验丰富的译员的英译汉口译质量评分普遍高于经验欠缺的译员。

（3）对两组译员在汉译英方向上的三位专家均分进行统计，结果如表 6-20 所示：

表 6-20　　　　　　　　　　　　**译员汉译英口译评分统计**

	汉译英口译评分
被试 1	8.8
被试 2	8.2
被试 3	8.7
被试 4	7.8
被试 5	7.5
被试 6	7.2
被试 7	7.7
被试 8	7.3
被试 9	7.5
被试 10	7.2

组 1 译员的汉译英口译评分平均值为 8.2，而组 2 译员的汉译英口译评分平均值为 7.38，低于组 1 译员的得分。图 6-12 将可视化展示两组数据的差别。

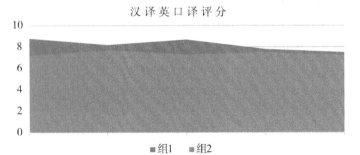

图 6-12　译员汉译英口译评分差异

从图 6-12 可以直观地看出，组 1 的数据整体高于组 2 的数据，组 1 与组 2 的重叠部分完全覆盖了组 2。因此，通过该重叠面积图可以发现，经验丰富的译员的汉译英口译质量评分普遍高于经验欠缺的译员。

(4)将两组译员在英译汉和汉译英方向上的口译评分均分对比展示，结果如表 6-21 所示：

表 6-21　　　　　　　　　**译员英译汉和汉译英口译评分统计**

	英译汉口译评分	汉译英口译评分
被试 1	8.8	8.8
被试 2	8.5	8.2
被试 3	9	8.7
被试 4	8.3	7.8
被试 5	7	7.5
被试 6	7.2	7.2
被试 7	7.5	7.7
被试 8	7.3	7.3
被试 9	8	7.5
被试 10	6.8	7.2

译员的英译汉口译评分平均值为 7.84，而汉译英口译评分平均值为 7.79，低于英译汉的得分。图 6-13 将可视化展示两组数据的差别。

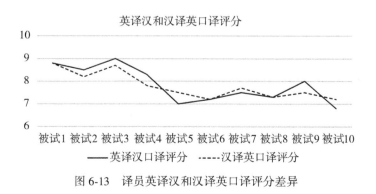

图 6-13　译员英译汉和汉译英口译评分差异

如图 6-13 所示，英译汉和汉译英的口译评分曲线显示出四个交叉点，两个方向的评分各有高低，整体上未呈现出一致的趋势。然而，直观地看，前半段英译汉的评分曲线普遍高于汉译英，而后半段两条曲线交替波动，因此需要进一步按译员分组考察翻译方向对口译质量的影响。结合两组数据的平均值差异，基本可以得出结论：总体而言，译入母语（英译汉）的口译质量略高于译入外语（汉译英），但这种差异并不显著。

（5）对组 1 译员在英译汉和汉译英方向上的三位专家评分均分进行统计，计算平均值后结果显示组 1 译员在英译汉方向上的口译评分平均值为8.32，而在汉译英方向上的口译评分平均值为 8.2，表明英译汉评分略高于汉译英评分。图 6-14 通过折线图直观展示了组 1 译员在这两组数据中的个体表现，读者能清晰地观察两种翻译方向上的评分差异。

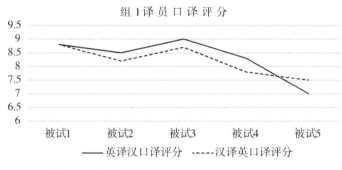

图 6-14　组 1 译员英译汉和汉译英口译评分差异

如图 6-14 所示，组 1 译员的英译汉口译评分曲线整体上明显高于汉译英口译评分曲线。评分趋势的差异主要体现在被试 5 身上，其汉译英评分高于英译汉评分。总体来看，组 1 译员在两个翻译方向上的评分表现较为一致，区域间的差异不大，显示整体评分较高，虽有差异但不显著。因此，综合两组数据的平均值差异，可以基本得出结论：组 1 中经验丰富的译员在译入母语（英译汉）时的口译质量略优于译入外语（汉译英）。

（6）对组 2 译员在英译汉和汉译英方向上的三位专家评分均分进行统

计，计算平均值后结果显示组 2 译员在英译汉方向上的口译评分平均值为
7.36，而在汉译英方向上的口译评分平均值为 7.38，可见英译汉评分略低
于汉译英评分，但这一差异几乎可忽略不计。图 6-15 通过折线图可视化展
示组 2 译员在这两组数据中的个体表现。

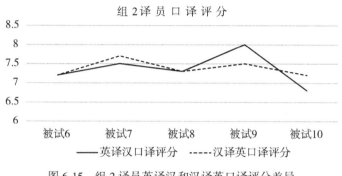

图 6-15　组 2 译员英译汉和汉译英口译评分差异

如图 6-15 所示，组 2 译员的英译汉和汉译英口译评分曲线有三个交叉
点，评分在两个方向上各有高低，未展现出一致性的高低趋势。具体而
言，被试 7 和被试 10 的汉译英评分高于英译汉评分，而被试 6 和被试 8 在
两个翻译方向上的评分相同，被试 9 的英译汉评分则高于汉译英评分。这
表明，组 2 译员在两个翻译方向上的口译质量评分存在较大的个体差异，
未表现出显著的代表性差异。因此，综合两组数据的平均值差异，可以基
本得出结论：组 2 中经验相对缺乏的译员在译入母语(英译汉)和译入外语
(汉译英)时的口译质量差异不明显，两者几乎相当。

综上所述，通过数据统计和重叠面积图的可视化展示可以看出，无论
是总体口译质量评分，还是在译入母语或外语的情况下，经验丰富的译员
的口译质量评分均高于经验欠缺的译员。这表明译员的经验对口译质量有
正向影响。此外，通过数据统计并从折线图的可视化展示中可以发现，译
员在译入母语时口译质量更高，但是与译入外语时的口译差异并不显著。
经验丰富的译员在译入母语时的口译质量更高，而经验欠缺的译员在两个

翻译方向上的口译质量差别不大。

6.2.3　相关性分析

　　相关性分析(Correlation Analysis)是一种统计方法，用于评估两个或多个变量之间的关系或关联程度。它旨在揭示变量之间是否存在某种线性关系，以及这种关系的方向和强度。相关性分析的结果通常用相关系数(Correlation Coefficient)来表示，常见的相关系数有皮尔逊相关系数(Pearson Correlation Coefficient)。皮尔逊相关系数是一种用于衡量两个连续变量之间线性关系强度和方向的参数统计量，其取值范围为-1 到 1。r 值为 1 表示完全正相关，r 值为-1 表示完全负相关，r 值为 0 表示没有线性相关。在统计学中，对于相关程度的解读通常如下：| r | >0.95 表示存在强烈显著相关；| r | ≥0.8 表示高度相关；0.5≤ | r | <0.8 表示中度相关；0.3≤ | r | <0.5 表示低度相关；而 | r | <0.3 则表明相关性极弱，可视为不相关。从显著性(即通常所说的 P 值)的角度来看，一般认为如果显著性水平低于 0.05，则两变量之间存在显著相关性。然而，在样本量较小的情况下，这一标准可以放宽至 0.10。

　　在相关分析中，本研究重点考察不同经验水平的译员在两个翻译方向(英译汉、汉译英)上的脱壳程度与口译质量之间的相关关系。具体计算包括以下几个方面：①不考虑译员的经验水平和翻译方向，总脱壳和相应评分之间的相关性；②不考虑译员的经验水平，分析两个翻译方向(英译汉、汉译英)上译员脱壳数量与相应口译评分之间的相关性；③针对经验丰富的译员，分析两个翻译方向(英译汉、汉译英)上脱壳数量与口译评分之间的相关性；④针对经验欠缺的译员，分析两个翻译方向(英译汉、汉译英)上脱壳数量与口译评分之间的相关性。

　　(1)在不考虑译员经验水平和翻译方向的情况下，计算十位译员在英译汉和汉译英两个翻译方向上的脱壳数量与相应口译评分之间的整体相关性，具体计算结果如表 6-22 所示：

表 6-22 脱壳数量与口译评分相关性

		脱壳数量	口译评分
脱壳数量	皮尔逊相关性	1	.154
	显著性(双尾)		.516
	个案数	20	20
口译评分	皮尔逊相关性	.154	1
	显著性(双尾)	.516	
	个案数	20	20

从上述相关分析结果可以看出,脱壳数量与口译评分之间未显示出显著相关性。两者的相关系数为 $r=0.154$,$|r|<0.3$ 则表明相关性极弱,同时 $P=0.516>0.1$,表明脱壳数量与口译评分之间没有相关关系,即脱壳程度与口译质量之间没有显著的关系。

(2)在不考虑译员经验水平的情况下,分别计算十位译员在英译汉和汉译英两个翻译方向上的脱壳数量与相应口译评分之间的相关性,具体计算结果如表 6-23、表 6-24 所示:

表 6-23 英译汉翻译方向上脱壳数量与口译评分相关性

		英译汉脱壳数量	英译汉口译评分
英译汉脱壳数量	皮尔逊相关性	1	.896**
	显著性(双尾)		.000
	个案数	10	10
英译汉口译评分	皮尔逊相关性	-.896**	1
	显著性(双尾)	.000	
	个案数	10	10

从上述相关分析结果可以看出,在英译汉翻译方向上,脱壳数量与英译汉口译评分表现出显著的相关性。两者的相关系数为 $r=-0.896$,$|r|\geq$

0.8 表示高度相关，同时 P＝0.000＜0.01，达到 0.01 水平的显著性。这表明英译汉的脱壳数量与口译评分之间存在显著的负相关关系，即在译入母语(英译汉)时，脱壳程度越高，口译质量越低。

表 6-24　　　　汉译英翻译方向上脱壳数量与口译评分相关性

		汉译英脱壳数量	汉译英口译评分
汉译英脱壳数量	皮尔逊相关性	1	.898**
	显著性(双尾)		.000
	个案数	10	10
汉译英口译评分	皮尔逊相关性	.898**	1
	显著性(双尾)	.000	
	个案数	10	10

从上述相关分析结果可以看出，在汉译英翻译方向上，脱壳数量与汉译英口译评分表现出显著的相关性。两者的相关系数为 r＝0.898，｜r｜≥0.8 表示高度相关，同时 P＝0.000＜0.01，达到 0.01 水平的显著性。这表明汉译英的脱壳数量与口译评分之间存在显著的正相关关系，即在译入外语(汉译英)时，脱壳程度越高，口译质量越好。

(3)针对经验丰富的译员(组 1)，计算五位译员在英译汉和汉译英两个翻译方向上的脱壳数量与相应口译评分之间的相关性，具体计算结果如表 6-25、表 6-26 所示：

表 6-25　　　　组 1 英译汉翻译方向上脱壳数量与口译评分相关性

		组 1 英译汉脱壳数量	组 1 英译汉口译评分
组 1 英译汉脱壳数量	皮尔逊相关性	1	-.790**
	显著性(双尾)		.112
	个案数	5	5

续表

		组1英译汉脱壳数量	组1英译汉口译评分
组1英译汉口译评分	皮尔逊相关性	-.790**	1
	显著性(双尾)	.112	
	个案数	5	5

根据上述分析结果可以看出，在英译汉翻译方向上，组1译员的脱壳数量与其口译评分之间未显示出显著相关性。两者的相关系数为 r = -0.790，尽管 | r | 在0.5到0.8之间，表明存在中度相关性，但由于 P 值为0.112，大于0.05，相关性并不显著。这表明，对于经验丰富的译员而言，译入母语(英译汉)时的语言脱壳程度与口译质量之间没有显著的关系。

表6-26   组1汉译英翻译方向上脱壳数量与口译评分相关性

		组1汉译英脱壳数量	组1汉译英口译评分
组1汉译英脱壳数量	皮尔逊相关性	1	.763**
	显著性(双尾)		.133
	个案数	5	5
组1汉译英口译评分	皮尔逊相关性	.763**	1
	显著性(双尾)	.133	
	个案数	5	5

根据上述分析结果可以看出，在汉译英翻译方向上，组1译员的脱壳数量与其口译评分之间未显示出显著相关性。两者的相关系数为 r = 0.763，尽管 | r | 在0.5到0.8之间，表明存在中度相关性，但由于 P 值为0.133，大于0.05，相关性并不显著。这表明，对于经验丰富的译员而言，译入外语(汉译英)时的语言脱壳程度与口译质量之间没有显著的关系。

(4)针对经验欠缺的译员(组2)，计算五位译员在英译汉和汉译英两个翻译方向上的脱壳数量与相应口译评分之间的相关性，具体计算结果如表 6-27、表 6-28 所示：

表 6-27　　　组 2 英译汉翻译方向上脱壳数量与口译评分相关性

		组 2 英译汉脱壳数量	组 2 英译汉口译评分
组 2 英译汉脱壳数量	皮尔逊相关性	1	−.984**
	显著性（双尾）		.002
	个案数	5	5
组 2 英译汉口译评分	皮尔逊相关性	−0.984**	1
	显著性（双尾）	0.002	
	个案数	5	5

从上述相关分析结果可以看出，在英译汉翻译方向上，组 2 译员的脱壳数量与英译汉口译评分表现出显著的相关性。两者的相关系数为 $r = -0.984$，$|r| > 0.95$ 表示存在强烈显著相关，同时 $P = 0.002 < 0.01$，达到 0.01 水平的显著性。这表明组 2 译员英译汉时的脱壳数量与口译评分之间存在显著的负相关关系，即对于经验欠缺的译员而言，译入母语（英译汉）时的脱壳程度越高，口译质量越低。

表 6-28　　　组 2 汉译英翻译方向上脱壳数量与口译评分相关性

		组 2 汉译英脱壳数量	组 2 汉译英口译评分
组 2 汉译英脱壳数量	皮尔逊相关性	1	.882**
	显著性（双尾）		.048
	个案数	5	5
组 2 汉译英口译评分	皮尔逊相关性	.882**	1
	显著性（双尾）	.048	
	个案数	5	5

从上述相关分析结果可以看出，在汉译英翻译方向上，组2译员的脱壳数量与汉译英口译评分表现出显著的相关性。两者的相关系数为 r = 0.882，|r|≥0.8 表示高度相关，同时 P = 0.048<0.05，达到 0.05 水平的显著性。这表明汉译英的脱壳数量与口译评分之间存在显著的正相关关系，即对于经验欠缺的译员而言，译入外语(汉译英)时的脱壳程度越高，口译质量越好。

综上所述，通过相关性分析表明，整体上脱壳程度与口译质量无明显相关关系，需要进一步考虑翻译方向和译员经验水平的变量影响。当被试译员在译入母语时，目标语的脱壳数量与口译质量评分呈负相关，即译员的脱壳程度越高，口译质量反而越低；而在译入外语时，脱壳数量与口译质量评分呈正相关，即脱壳程度越高，口译质量越好。进一步将译员按照经验水平进行分组分析后发现，经验欠缺的译员表现出与整体趋势一致的模式：在译入母语时，脱壳程度与口译质量呈负相关；在译入外语时，脱壳程度与口译质量呈正相关。然而，对于经验丰富的译员而言，无论是译入母语还是外语，脱壳程度与口译质量之间均未表现出显著的相关关系。

6.2.4　回归分析

回归分析是一种用于研究建模变量之间关系的统计方法，主要目的是确定一个或多个自变量(独立变量)对因变量(依赖变量)的影响，以预测或解释因变量的变化。通过回归分析，我们可以理解和量化变量之间的关系，识别出关键的影响因素，并用于预测未来的趋势。

在线性回归分析中，T 值(T-statistic)和显著性水平(P 值)是评估回归模型中每个自变量对因变量影响是否显著的两个关键统计指标。具体而言，T 值用于衡量回归系数估计值相对于其标准误差(standard error)的大小。T 值越大，表明该自变量对因变量的影响越显著；正的 T 值表示正向影响，负的 T 值表示负向影响。通常，如果 T 值的绝对值大于2(这一标准因样本量和自由度的不同而有所变化)，可以认为该系数在统计上显著。

P 值用于评估与回归系数显著性相关的假设检验结果。P 值越小，拒绝零假设（即假设自变量对因变量没有显著影响）的证据就越强，这意味着自变量对因变量的影响越显著。常用的显著性水平有 0.05、0.01 和 0.001等。如果 P 值小于 0.05，通常认为在 95% 的置信水平下该自变量对因变量有显著影响；P 值小于 0.01 或 0.001，则表明在 99% 或 99.9% 的置信水平下，自变量对因变量的影响显著。如果研究样本较小，可以适当放宽显著性标准，例如采用 0.1 作为阈值，即认为当 P 值≤0.1 时，自变量与因变量之间存在显著相关性。

根据 Setton 和 Motta 对口译脱壳程度量化的分类方法，目标语脱壳参数被分为词汇层面的 E1（娴熟的、语境化的词汇选择）和 E2（额外连词、补充解释或衔接、额外参考说明），以及句法层面的 P1（句子成分顺序重排）和 P2（源语意义在目标语句法中的重构）。因此，E1+E2 代表词汇层面的脱壳参数，P1+P2 代表句法层面的脱壳参数。本研究将这些脱壳参数（E1、E2、P1、P2、E1+E2 和 P1+P2）作为自变量，通过回归分析来探讨它们与口译质量评分（因变量）之间的因果关系，从而识别出对口译质量有重要影响的参数。

本研究仅针对不同翻译方向（英译汉、汉译英）上的脱壳参数与口译质量评分进行回归分析。这是因为，若按照译员经验水平进一步分组计算，会导致样本量过小（$n=5$），从而影响结果的统计效力。统计学原理表明，当样本量过小（例如只有 5 个数据点）时，分析结果可能会不稳定，容易受异常值或噪声的影响，导致模型过拟合，缺乏泛化能力。此外，当样本量极小时，引入多个自变量会迅速消耗自由度，可能导致置信区间过宽，结果的可靠性和准确性会受到严重限制。因此，由于数据样本量的限制，本研究暂不针对译员经验水平进行分组讨论，而是着重分析在不同翻译方向上，脱壳参数（E1、E2、P1、P2、E1+E2 和 P1+P2）如何影响口译质量评分，如表 6-29、表 6-30 所示：

表 6-29 英译汉翻译方向上脱壳参数与英译汉口译评分之间回归分析

系数[a]							
模型	未标准化系数		标准化系数	T	显著性	共线性统计	
	B	标准误差	Beta			容差	VIF
（常量）	11.919	1.657		7.192	.001		
1 英译汉 E1	−.116	.041	−.522	−2.864	.035	.849	1.178
英译汉 E2	−.129	.045	−.584	−2.870	.035	.680	1.471
英译汉 P1	.031	.054	.120	.586	.583	.677	1.477
英译汉 P1+P2	−.056	.057	−.168	−.977	.374	.948	1.055

a. 因变量：英译汉评分

排除的变量[a]							
模型	输入 Beta	T	显著性	偏相关	共线性统计		
					容差	VIF	最小容差
1 英译汉 E1+E2	.[b]	.	.	.	.000	.	.000
英译汉 P2	.[b]	.	.	.	.000	.	.000

a. 因变量：英译汉评分

b. 模型中的预测变量：（常量），英译汉 P1+P2，英译汉 P1，英译汉 E1，英译汉 E2

　　根据上述回归分析数据可知，在英译汉过程中，E1 和 E2 对口译评分有显著的负面影响，而其他参数的影响并不显著。具体而言，E1 的显著性水平 P 值为 0.035，小于 0.05，达到 0.05 的显著性标准；其 T 值为 −2.864，绝对值大于 2，表明该结果在统计上显著，负 T 值表示 E1 与口译评分呈负相关。同样，E2 的显著性水平 P 值为 0.035，小于 0.05，达到显著性标准；其 T 值为 −2.870，绝对值大于 2，进一步支持其统计显著性，且负 T 值同样表明负相关性。相比之下，其他参数对口译评分的影响均不显著。因此，可以得出结论：在译入母语时，译员越多地使用灵活的词汇选择，口译评分反而越低。

表 6-30 汉译英翻译方向上脱壳参数与汉译英口译评分之间回归分析

系数[a]

模型		未标准化系数		标准化系数	T	显著性	共线性统计	
		B	标准误差	Beta			容差	VIF
1	（常量）	5.013	.366		13.703	.000		
	汉译英 E1	.066	.011	.669	5.910	.002	.935	1.070
	汉译英 E2	.006	.022	.055	.268	.800	.279	3.579
	汉译英 P1	.071	.029	.409	2.459	.057	.432	2.313
	汉译英 P1+P2	.035	.014	.398	2.446	.058	.451	2.216

a. 因变量：汉译英评分

排除的变量[a]

模型		输入 Beta	T	显著性	偏相关	共线性统计		
						容差	VIF	最小容差
1	汉译英 E1+E2	.[b]	.	.	.	.000	.	.000
	汉译英 P2	.[b]	.	.	.	.000	.	.000

a. 因变量：汉译英评分

b. 模型中的预测变量：（常量），汉译英 P1+P2，汉译英 E1，汉译英 P1，汉译英 E2

　　根据上述回归分析数据可知，在汉译英过程中，E1 对口译评分有非常显著的正面影响，而 P1 和 P1+P2 对口译评分有较为显著的正面影响，其他参数的影响则不显著。具体而言，E1 的显著性水平 P 值为 0.002，小于 0.01，达到 0.01 的显著性标准，表明在 99% 的置信水平下，E1 对口译评分有显著影响；其 T 值为 5.910，绝对值大于 2，进一步表明该结果在统计上显著，正 T 值表示 E1 与口译评分呈显著正相关。同时，P1 和 P1+P2 的显著性水平 P 值分别为 0.057 和 0.058，小于 0.1，在小样本量条件下，达到了一定的显著性标准；其 T 值分别为 2.459 和 2.446，绝对值均大于 2，支持其统计显著性，且正 T 值同样表明正相关性。相比之下，其他参数对口译评分的影响均不显著。因此，可以得出结论：在译入外语时，译员在语境下娴熟地进行词汇选择可以显著提升口译质量；在句法上进行灵活处理，特别是关注句序重排，也有助于提高口译质量。

综上所述，译员在英译汉和汉译英两个翻译方向上，各脱壳参数对口译评分的影响存在显著差异。回归分析结果表明，在译入母语时，过多地使用灵活词汇反而会导致口译评分下降；而在译入外语时，译员在语境中娴熟地进行词汇选择能显著提高口译质量。此外，在句法处理方面，尤其是句子结构的重排，也对提升口译质量具有积极作用。

6.2.5 小结

本节运用 Setton & Motta 的"质化和量化交佐"研究方法，通过 SPSS 统计软件对实验数据进行处理，采用的统计分析方法包括配对样本 T 检验、数据可视化、相关性分析和回归分析。实验的自变量为翻译方向(英译汉、汉译英)和译员经验(经验丰富、经验欠缺)，因变量则是脱壳程度和口译质量评分。经过分析，本研究得出以下结论：

(1)脱壳程度的差异：对于经验丰富的译员而言，无法明确判断在哪个翻译方向上脱壳程度更高。而经验欠缺的译员在翻译为母语时表现出更高的脱壳程度。此外，总体而言，经验欠缺的译员在译入母语时的脱壳程度较高；相对地，在译入外语时，经验丰富的译员的脱壳程度较高。

(2)口译质量评分的差异：无论是从总体口译质量评分来看，还是分别在译入母语或外语的情况下，经验丰富的译员的口译质量评分均显著高于经验欠缺的译员，这表明译员经验对口译质量有积极的促进作用。此外，经验丰富的译员在译入母语时的口译质量更佳，而经验欠缺的译员在两个翻译方向上的口译质量差别不大。

(3)脱壳程度与口译质量评分的关系：不考虑译员分组时，研究发现，在译入母语时，脱壳程度与口译质量评分呈负相关，即脱壳程度越高，口译质量评分越低；在译入外语时，脱壳程度与口译质量评分呈正相关，即脱壳程度越高，口译质量评分越高。当按照译员经验水平进行分组分析后，发现经验欠缺的译员表现出与整体趋势一致的模式：在译入母语时，脱壳程度与口译质量呈负相关；在译入外语时，脱壳程度与口译质量呈正相关。然而，对于经验丰富的译员，无论是译入母语还是译入外语时，脱壳程度与口译质量之间均未表现出显著的相关关系。

（4）具体脱壳参数与口译质量评分的关系：在译入母语的过程中，过多使用灵活的词汇反而会降低口译评分；而在译入外语时，译员在语境中熟练使用词汇能够显著提升口译质量。此外，在句法处理方面，尤其是对句子结构的重排，也对提高口译质量具有积极的促进作用。

通过上述分析可以看出，翻译方向和译员经验在不同程度上影响着脱壳程度和口译质量，两者之间存在复杂的互动关系。这些研究成果不仅有助于我们更好地理解口译过程中的语言处理机制，也为提升口译实践中的质量控制提供了重要的参考依据。

6.3 综合分析

本研究在脱壳程度的量化分析中采用了两种主流的实证研究方法，即 Helle V. Dam 的"词汇异同法"与 Setton & Motta 的"质化和量化交佐法"。这两种方法在某些方面存在重合，但各有侧重。Helle V. Dam 的"词汇异同法"将文本划分为多个片段，基于词汇层面的异同对比目标语片段与源语片段，从而定义和计算各片段的占比，以量化脱壳程度。Setton & Motta 的"质化和量化交佐法"则同时关注词汇层面（E1＋E2）和句法层面（P1＋P2），通过对出现的词汇或语句进行计数以获得量化数值，并且进一步分析脱壳程度与下游因变量之间的关系，采用统计分析方法进行具体探讨。

在本研究中，实验文本的脱壳程度通过上述两种量化方法进行了交叉验证与佐证，结果显示两者得出了大部分一致的结论，但也存在一些差异或待互佐的结论。

一致性结论包括以下几点：

①若不考虑译员经验水平，两个翻译方向上的脱壳差异并不显著。

②经验欠缺的译员在译入母语时的脱壳程度高于译入外语时的脱壳

程度。

③若不考虑翻译方向，经验丰富的译员和经验欠缺的译员的脱壳差异并不显著。

④在译入母语时，经验丰富的译员的脱壳程度低于经验欠缺的译员。

差异性结论主要体现在以下方面：

根据"词汇异同法"的分析结果，经验丰富的译员在译入母语时的脱壳程度低于译入外语时的脱壳程度；而"质化和量化交佐法"的结果则显示，对于经验丰富的译员而言，无法明确判断在哪个翻译方向上脱壳程度更高。

待互佐确认的结论体现在以下方面：

"词汇异同法"的分析指出，在译入外语时，经验丰富的译员的整体脱壳程度呈现微弱高于经验欠缺的译员的趋势，但不显著，而"质化和量化交佐法"则明确得出，在译入外语时，经验丰富的译员表现出更高的脱壳程度。

以上差异的产生主要归因于"词汇异同法"与"质化和量化交佐法"在量化脱壳程度时的分析范围和方法存在不同，具体体现在以下几个方面：

首先，在使用"词汇异同法"进行分析时，将添加的无关信息或替代的错误信息也包括在内，而"质化和量化交佐法"仅限于分析正确的释意词汇或句子。

例如，源语句子"What if I stepped back to allow my students to step up and engage in the messiness of learning?"被一位被试译为汉语："也就是我要让我的学生要站起来，也就是说让学生们要去学会思考。"根据"词汇异同法"的分析原则，以谓语"stepped"为核心将句子视为一个片段，并将目标语片段与源语片段进行对比，可以发现，除了"all my students"被译为"让我的学生"，表现出词汇相似性外，其他词汇元素无法对应。因此，即使"step up"可能被误听为"stand up"并误译为"站起来"，且后半句包含无关信息的添加（"也就是说让学生们要去学会思考"），这些错译部分和无关信息也被纳入分析范围，因此被归类为 D(s) 片段，即以相异词汇为主的片段。然而，按照"质化和量化交佐法"的原则，错误信息不计入分析范围，因此此句没有符合脱壳参数的计数。

由此可见，"词汇异同法"因包含错误和无关信息而覆盖更广的分析范围，因此在分析文本脱壳程度时可能显示出更高的脱壳度。

其次，"词汇异同法"仅关注词汇的异同，而不考虑音位、语形、语法、句法、词法上的差异，尤其包括句子顺序重排出现的任何差异，而在"质化和量化交佐法"中，句子成分重排被视为一个脱壳参数，计为 P1。

例如，源语句子"就是能够主动运用感受或者因为客体而产生感受的能力"被一位被试译为英文："it's the ability to use their senses actively or to have feelings because of an object." 根据"词汇异同法"的分析原则，以谓语"is"为核心，将句子视为一个片段，并将目标语片段与源语片段进行对比。尽管目标语中语序和词汇位置有所变化，但词汇在语义上是对等的，因此该片段被归类为 S 片段。然而，依据"质化和量化交佐法"的分析原则，源语结构是通过"主动运用感受"和"因为客体而产生感受"这两个并列成分来修饰"能力"这个核心名词。而在目标语中，句子结构则变为以"the ability"为中心的主从结构，使用不定式短语来修饰"ability"，从而对句子结构进行了调整。此种结构调整使能力的具体表现方式更加清晰，并符合目标语言的语法习惯，这种句子成分的调整可以被视为句子成分重排，故计为 P1。

由此可见，"词汇异同法"仅关注词汇层面的异同，对句法结构的变化不加考虑，因此其分析范围相对较小。而"质化和量化交佐法"则同时兼顾词汇和句法的差异，因而分析更为广泛。在文本脱壳程度的分析中，"词汇异同法"可能会显示出较低的脱壳度，因为它忽略了句子成分重排等结构性调整带来的变化。

最后，"词汇异同法"通过"以谓语为中心"对全文进行片段切分，能够清晰地分析各个片段；而"质化和量化交佐法"则是依据词汇或句子的脱壳类型进行计数分析，有时容易产生模糊的判断。

例如，源语句子"They seemed to have a harder time with the hard tasks of learning/ and a really difficult time when they had to wrestle with confusion. ” 被一位被试译为汉语: "他们在做困难的任务时会遇到很多挑战, 他们要应对一些困惑的情况, 然后这种情况变得非常复杂困难。" 根据 "词汇异同法" 的分析原则, 这个句子以谓语 "seemed to" 和 "had to" 分别为中心, 被切分为两个片段, 随后对目标语与源语片段的词汇异同进行比对分析。然而, 依据 "质化和量化交佐法" 的分析原则, 目标语译文中除了 "困难的任务" 和 "困惑" 保留了原文的词汇痕迹, 其他部分均表现出不同类型的词汇或句子成分脱壳。例如, 译文中 "他们在做困难的任务时" 和 "他们要应对一些困惑的情况" 中的句子顺序发生了变化, 属于 P1 句子成分重排; 将源语 "have a harder time" 译为 "遇到很多挑战" 属于语境下娴熟的词汇选择, 计为 E1; 源语 "wrestle with" 译为 "应对" 同样属于语境下娴熟的词汇选择, 计为 E1; "a really difficult time" 译为 "然后这种情况变得非常复杂困难" 则涉及信息添加, 如 "复杂", 以及源语的再表达, 尽管未出现明显的错译, 但仍可计为 E1。按照 "质化和量化交佐法" 分析这个句子, 可以发现多个脱壳参数的存在。然而, 尽管目标语中部分保留了原文词汇表达的成分, 但比例较低, 因此也可以将该句视为 P2, 即句子的重述。在分析时, 将既出现句子重排又有词汇层面脱壳的句子视为 P2, 不考虑词汇层面是否全部脱壳。由此可见, 使用 "质化和量化交佐法" 在判断时确实存在一定模糊性和主观判断上的差异。

由此可见, "词汇异同法" 与 "质化和量化交佐法" 在计数方法上存在差异。"质化和量化交佐法" 由于脱壳参数的鉴别可能产生模糊性, 而全文的脱壳程度是根据脱壳参数的总数来判断的, 因此在主观判断上存在一定的误差, 导致其与 "词汇异同法" 的统计结果出现差异。

综上所述, "词汇异同法" 与 "质化和量化交佐法" 在分析范围和方法上存在显著差异。"词汇异同法" 通过扩大对错误内容的涵盖范围增加了分析的广度, 但仅限于词汇层面的分析则限制了其深度; 而 "质化和量化交佐法" 可能引发主观判定的差异性, 但这两种方法各有侧重, 难以判断优劣。因此, 无法简单地得出基于某一种方法的结论更具代表性。在对全文进行脱壳程度分析时，应排除两种方法之间差异性的结论，确认它们得出的一致性和可互佐的结论，即：

①若不考虑译员的经验水平，两个翻译方向上的脱壳差异并不显著。

②经验欠缺的译员在译入母语时的脱壳程度高于译入外语时的脱壳程度。

③若不考虑翻译方向，经验丰富的译员和经验欠缺的译员的脱壳差异并不显著。

④在译入母语时，经验丰富的译员的脱壳程度低于经验欠缺的译员。

⑤在译入外语时，经验丰富的译员的脱壳程度高于经验欠缺的译员。

第 7 章　实验假设验证与讨论

7.1　假设一：翻译方向对脱壳程度的影响

实验假设一的预期：在不同翻译方向的同声传译中，口译员的脱壳程度存在"非对称性"。当译入母语时，译员对词汇形式的记忆较多，导致脱壳程度较低；而在译入外语时，译员更倾向于记忆概念，表达更加灵活，因此脱壳程度较高。总体而言，译员在译入母语时的脱壳程度低于译入外语时的脱壳程度。

实验假设一的结论：部分支持。两个翻译方向上的目标语均为以基于形式的翻译为主。具体而言，在不同翻译方向的同声传译中，译员的脱壳程度确实表现出一定的"非对称性"。然而，译员经验对不同翻译方向上的脱壳程度存在显著影响。如果不考虑译员经验，"非对称性"在不同翻译方向上的表现并不明显。将译员按经验水平分组后，发现经验丰富的译员在译入母语和译出母语时的脱壳差异并不显著。然而，对于经验欠缺的译员，在译入母语时，脱壳程度反而更高，而在译入外语时则更倾向于形式化的翻译，这与实验假设的预期相悖。

根据研究结论，译员在目标语中倾向于采用基于形式的翻译，脱壳程度普遍较低，表明释意理论所提出的译员必须彻底忘记形式并不完全准确。Gile(2009：213)提出的"最小努力法则"(the law of least effort)可以部分解释这一现象。尽管"最小努力法则"并非理想策略，但它是一种战术，即"即使在处理能力充足时也会减少努力"，帮助译员避免疲劳并节省认知资源。神经生理学的研究也表明，"基于意义的口译比逐字口译更多地涉及神经系统的运动结构"（Fabbro et al.，1990：69），这意味着传达意义所需的认知处理能力更大。因此，在高强度的同传任务中，尽管基于意义的口译（脱壳）被视为标准策略，译员往往会有意识或无意识地倾向于选择认知负荷较小的基于形式的口译模式，这也解释了两组译员在不同翻译方向上，词汇相似性较高的 S 段和 S(d) 段占多数的现象。

具体分析，在不同翻译方向上，脱壳程度表现出的"非对称性"进一步支持了董燕萍（2010）提出的"非对称有限并行模型"。这一模型指出，翻译过程并非完全如释意学派所主张的那样，通过"串行/纵向加工"模式，即先理解源语并脱壳后再产出目标语，而是同时存在在源语尚未完全理解和形成完整意义表征之前，对应的译语词汇单位便以一种持续并行的方式被激活并转换的过程，即"并行/横向加工"。因此，同声传译译文中展现出不同程度的脱壳后的基于意义的翻译和直接词汇对应的形式化翻译。

同时，不同翻译方向上的脱壳程度呈现"非对称性"，进一步验证了"翻译方向效应"。已有研究关注了同声传译中翻译方向对脱壳的影响。例如，Elsebaei（2013）引用 Helle V. Dam 的研究方法，探讨了阿拉伯语和英语两种语言方向对同声传译脱壳程度的影响，得出结论：译入母语（阿拉伯语）更具挑战，译文脱壳程度更高。胡逸（2022）和程喆（2017）则借鉴了心理语言学中的再记忆测试法，研究了不同语言组合下翻译方向对脱壳的影响，得出了部分相悖的结论。胡逸发现，在译入母语（中文）时，译文的脱壳程度更高，质量更好；而程喆则发现，在英汉语言组合中，英—汉方向的译员保留句子形式的程度明显高于汉—英方向。

从以上三项研究来看，两项研究表明译入母语时脱壳程度更高，而一项研究结论与此相悖。进一步比较这三项研究中的译员，发现 Elsebaei 的研究中，译员身份不明，因为其分析的目标语译文来自 BBC 和埃及国家电视台的同声传译录音，无法判断译员的经验水平。胡逸的研究中，被试为 12 名上海外国语大学 2019 级口译专业研究生，因此可认为译员的经验水平相对较低。而程喆的实验中，被试为职业同声传译译员，涵盖了市场上活跃的全职译员和高等教育中的口译教师，口译工作经验跨度为 4—10 年，基本属于经验丰富的译员。

由此可见，本研究的结论与胡逸的发现基本一致，即经验欠缺的译员在译入母语时脱壳程度更高。Elsebaei 研究中的译员经验水平未知，无法进行比较；而程喆的研究中，选取的经验丰富译员（从业时间 4—10 年）在译入母语时表现出较低的脱壳程度，因其与本研究中对经验丰富译员的划分标准（从业时间大于 8 年）存在差异，亦难以直接比较。然而，结合以上研究与本研究的结论可以看出，译员经验水平确实会影响翻译方向与脱壳程度之间的关系。

值得注意的是，本研究结论"经验欠缺的译员在译入母语时的脱壳程度较高"，与 Kroll & Steward（1994：158）提出的"修正层级模型"相悖。根据该模型，外语到母语的词汇链接强度大于母语到外语的强度，因此译入母语时的词汇链接更强，导致形式翻译更多，即脱壳程度较低。而在概念层面，母语到概念的链接比外语到概念的链接更强，因此在译入外语时，基于意义的翻译更多，脱壳程度更高。本研究结果证实了 La Heij 等研究人员（1996：648-665）的实验发现，即翻译方向的不对称性并非源于认知处理路径（概念中介与词汇联想）的不同，而是由于概念激活（L2 到 L1）与词汇检索（L1 到 L2）之间的难易程度差异所致。

根据 La Heij 的实验，语义背景对译入母语的影响大于对译入外语的影响，即语义背景所带来的难度变化超过了翻译方向的影响。程喆（2017）也指出，尽管英汉语言对的脱壳差异符合"修正层级模型"，但英西语言对的情况却不相符，表明语言组合是影响翻译方向和脱壳程度的因素之一。本研究进一步发现，译员的经验水平也会影响不同翻译方向上的脱壳程度。对于经验欠缺的译员来说，译入母语时词汇检索的难度大于概念激活，可能是由于其英语听辨能力较强，导致更能提取意义，或者由于听力不足，无法完全听懂所有词汇，因而进行概括性翻译，进而导致脱壳程度增加。要进一步确认具体原因，需要结合口译质量和其他脱壳参数进行更深入的研究。

此外，本研究部分支持了"修正层级模型"的预测。该模型认为，随着二语能力的提升，翻译方向上的不平衡将逐渐减少或消失，译入和译出的翻译任务会变得更加相似(Kroll et al., 2002, 引自冯佳, 2018：65)。在本研究中，拥有八年以上经验的译员在不同翻译方向上并未表现出明显的脱壳差异，表明对于双语水平较高的译员而言，不同认知处理路径间的差异较小，因此"翻译方向效应"并不显著。

7.2　假设二：译员经验对脱壳程度的影响

实验假设二的预期：经验丰富的译员更能驾驭意义的理解和自由表达，在两个翻译方向上的脱壳程度均比经验欠缺的译员高。

实验假设二的结论：部分得到支持。译员在脱壳程度上确实因经验水平的不同表现出一定的"非对称性"。然而，翻译方向对不同水平译员的脱壳程度差异产生了显著影响。若不考虑翻译方向，经验丰富的译员与经验欠缺的译员在脱壳程度上并无显著差异。具体而言，经验丰富的译员在译入外语时，相较于经验欠缺的译员，更能掌握意义并进行自由表达，脱壳程度较高；而在译入母语时，反而表现出较低的脱壳程度。

在本研究中，不同经验水平的译员在脱壳程度上的"非对称性"进一步质疑了释意理论中认为译员在翻译过程中必须完全摆脱形式的观点。Setton & Motta(2007)在其著名的质化和量化交佐研究中探讨了同声传译中的脱壳程度与译员水平、口译质量之间的关系，结论表明，口译质量更高的专家译员在脱壳程度上远超新手。本研究的结果也发现，经验丰富的译员在译入外语时的表现与 Setton & Motta 的结论一致。

本研究还引入了翻译方向(英译汉、汉译英)作为自变量，发现不同经验水平的译员在脱壳差异上呈现出不同的趋势，表明翻译方向对译员经验和脱壳程度的关系产生了影响。若将翻译方向视为难度因素，这一结果可与已有研究进行对比和探讨。

Helle V. Dam(2000)通过"词汇异同法"研究了文本难度对同声传译中

脱壳程度的影响，得出结论：文本难度与脱壳程度呈正相关。另一项具有代表性的研究是孙海琴（2012），她借鉴 Setton & Motta 的脱壳量化方法，探讨了源语专业信息密度对脱壳的影响，结论表明：源语专业信息密度越大，文本难度越大，脱壳程度越高。这两项研究一致指出，文本越难，脱壳程度越高。

根据实验后对译员的采访，大部分经验欠缺的译员表示译入母语时更难，而大多数经验丰富的译员则认为译入外语时更具挑战（参见表 5-1：实验后译员对文本难度反馈的采访）。本研究发现，经验欠缺的译员在译入母语时比经验丰富的译员的脱壳程度更高。结合第一个实验假设的结论，经验欠缺的译员在译入母语时的脱壳程度高于译入外语时。因此，当他们认为译入母语较难时，脱壳程度随之增加。若将翻译方向作为难度衡量因素，这一结果进一步验证了 Helle V. Dam 和孙海琴的研究结论：翻译难度越大，脱壳程度越高。

对于经验丰富的译员，同样得出类似结论。大部分经验丰富的译员表示译入外语更具难度，而他们在译入外语时的脱壳程度确实比经验欠缺的译员更高。虽然结合第一个实验假设，经验丰富的译员在不同翻译方向上的脱壳差异不大，但总体来看，经验丰富的译员在自认为更具挑战的汉英翻译中比经验欠缺的译员表现出更高的脱壳程度，这部分佐证了文本难度越大、脱壳程度越高的观点。

究其原因，可以从认知与记忆的角度进行分析。当译员处理难度较大的文本时，理解的认知负荷增加。根据 Gile（2009：201）提出的口译应对策略，译员在应对理解难题时，通常会通过尽可能推迟目标语言生成来实现"延迟反应"（delay the response），这意味着延长了"耳语间隔"（Ear-Voice-Span, EVS）（Goldman-Eisler, 1972），即从听到源文本到目标语言输出之间的时间差。从记忆的角度来看，延长的 EVS 导致更多文本被存储在工作记忆中，而工作记忆对逐字回忆的时效性是有限的。根据 Jarvella（1971）和 Isham（1994）的研究，词汇及其排列顺序等形式信息的记忆仅适用于最近的句子，而对较早句子的逐字回忆能力较弱，译员往往会进行释义处理，这表明源文本的具体措辞已丢失，仅保留其"主旨"（gist）。因此，当译员花费更多时间理解文本时，更多源文本会存储在记忆中，直至超过记忆容量的上限（Massaro & Shlesinger，1997：27），这导致在信息输出时前段文本的表层形式丢失，译员只能基于保留的意思或主旨进行表达，进而加大了译文的脱壳程度。

7.3　假设三：翻译方向对口译质量的影响

实验假设三的预期：不同翻译方向对同声传译的口译质量产生影响。译员在译入母语时，口译质量更高。

实验假设三的结论：部分支持。翻译方向确实对同声传译的口译质量产生了影响，但影响程度因译员的经验水平不同而有所差异。总体来看，译员在译入母语时的口译质量相对较高，尽管这一差异并不十分显著。具体而言，经验丰富的译员在译入母语时表现出更高的口译质量，而经验欠缺的译员在两个翻译方向上的口译质量差异较小。

自 20 世纪 80 年代以来，西方学界普遍认可"母语原则"。支持该原则的学者强调，在翻译过程中，母语具有表达更流畅、信息传递更清晰、翻译效果更佳的优势（Gile，2009：237；Newmark，1988：3；Seleskovitch & Lederer，2011：131）。近年来，关于"母语原则"的实证研究也取得了广泛支持。例如，在认知学领域的研究表明，译入母语时，译员的总体注意力需求较低，自动化加工能力更强，从而提高了翻译质量，并且认知资源的分配也更加优化（冯佳、王克非，2021：91；王湘玲、王律、郑冰寒，2022：128）。本研究的结果表明，译员在译入母语时的口译质量相对较高，进一步支持了"母语原则"。

然而，译员的经验水平同样是影响口译质量的重要因素，这与 Pokorn（2005）的观点一致，他在一项关于翻译方向性的实证研究中通过比较译入母语和译出外语的译文质量和可接受性，提出翻译质量取决于译者的个人翻译能力。在另一项研究中，Pokorn 等人（2020）分析了 112 份译文，从准确性和文体质量角度发现，学生译者的反向翻译质量高于正向翻译质量，表明外语水平与翻译质量之间存在显著相关性。本研究同样发现，经验丰富的译员在译入母语时口译质量较高；而对于经验欠缺的译员，翻译方向对其口译质量的影响并不显著。这表明，译员的经验水平与翻译质量之间存在明显的关联。

在实验中，两个被试的个体表现也呈现出一定的规律性。经验丰富组中的被试 5，其总评分最低，甚至低于经验欠缺组中三位被试的评分。而在经验欠缺组中，评分最高的被试 9，其得分高于经验丰富组中的被试 5。具体来看，被试 5 的英译汉评分为 7 分，汉译英评分为 7.5 分，表明其在译入外语时的口译质量较高；而被试 9 的英译汉评分为 8 分，汉译英评分为 7.5 分，表明其在译入母语时的口译质量较高。这表明，两个具有独特表现的被试呈现出与其所在组别的整体趋势相反的特点。可以推测，被试 5 虽然有一定的从业经验，但其双语水平较弱，因此在口译中并未体现出母语优势；相反，被试 9 尽管缺乏工作经验，但其双语能力较强，尤其在译入母语时表现优异。这一结果进一步印证了译员的经验水平和双语能力在翻译方向与口译质量关系中的重要性。经验丰富的译员在译入母语时口译质量通常更高，而经验欠缺的译员则可能呈现相反趋势，或者在不同翻译方向上的表现差异不显著。

7.4 假设四：译员经验对口译质量的影响

实验假设四的预期：经验丰富的译员在同声传译时的口译质量更好，且在译入母语时表现最佳；而经验缺乏的译员在译入外语时表现更好。

实验假设四的结论：部分支持。无论是总体口译质量评分，还是在译入母语或外语的情况下，经验丰富的译员的口译质量评分均高于经验欠缺的译员。这表明译员的经验对口译质量有正向影响。

如前文所述，Setton & Motta（2007）的研究表明，专家译员的口译质量显著高于新手译员，Pokorn（2005）的研究则指出，翻译质量不仅取决于翻译方向，还受译者个人翻译能力的影响。根据本研究的结论，译员的经验水平对口译质量的影响大于翻译方向对其的影响，即高水平译员在任何翻译方向上的口译质量均明显优于经验欠缺的译员。

关于"译入母语"和"译出母语"的两大阵营，支持"译入母语"的学者认为，理解通常优于表达，理解的信息总是多于能够表达的信息，因而强调表达的重要性（Seleskovitch & Lederer, 2011：131）。而支持"译出母语"的学者则认为，输入阶段的理解准确性和完整性比输出阶段的语言瑕疵更关键，任何输入信息的缺陷都会对口译产生负面影响（Denissenko 1989：157）。本研究发现，尽管经验丰富的译员可能认为译入外语更困难，经验欠缺的译员则认为译入母语更困难，但当译员的经验水平达到一定高度后，无论是在理解还是表达阶段，其表现均优于经验欠缺者。因此，翻译方向对译员口译质量的影响不及经验水平对其的影响大。

根据"语言门槛假设"（Language Threshold Hypothesis, LTH），知识的作用存在群体差异，只有当译员的语言熟练度达到一定水平后，才能充分利用背景知识。在此之前，语言能力较低的译员会被困在语句的微观层面，缺乏调用知识的余力（Clarke, 1980；Carrell, 1991；Vahed & Alavi, 2020）。语言外的知识对于口译的输入和输出过程均有正面影响（Anderson & Pearson, 1984；Pressley et al., 1992；Gile, 2005；Lederer, 2003 等）。同时，Gile 的"走钢丝假设"（Tightrope Hypothesis）指出，在口译过程中译员需要在理解、记忆和输出之间分配有限的认知资源，资源分配稍有不当就可能导致口译质量下降。面对复杂或难度较大的源文本时，译员的认知负荷会显著增加，理解、记忆和表达之间的资源竞争加剧，容易引发失误。因此，语言能力较低的译员由于无法有效分配资源，常常难以进行高质量的翻译。

相较之下，有经验的译员具备更高的语言熟练度，能够更有效地运用背景知识，从而提升理解和输出的质量。这也体现了释意理论所强调的更丰富的语言知识和更强的认知补充能力。此外，经验丰富的译员在面对复杂文本时，能够更合理地管理认知资源，减少理解和记忆上的压力，从而保证产出阶段的稳定性。因此，即便在翻译方向发生变化时，他们的口译质量依然保持较高水平。而经验缺乏的译员，由于语言能力和资源管理上的不足，在高难度文本处理过程中容易发生失误，质量波动较大。总结来看，译员的经验水平和语言熟练度直接影响其能否有效利用背景知识和管理认知资源，经验丰富的译员在口译过程中表现出较高的能力，不受翻译方向的显著影响。

7.5　假设五：脱壳程度与口译质量的关系

实验假设五的预期：译文的脱壳程度与同声传译的口译质量呈正相关，即脱壳程度越高，口译质量越好。

实验假设五的结论：部分支持。整体来看，脱壳程度与口译质量之间未呈现显著的相关性，但翻译方向与译员的经验水平对二者的关系有一定影响。具体而言，当译员译入母语时，脱壳程度与口译质量呈负相关；而在译入外语时，两者则呈正相关。进一步分组分析发现，经验欠缺的译员在译入母语时，脱壳程度越高，口译质量越低；而在译入外语时，脱壳程度的增加有助于提升口译质量。然而，对于经验丰富的译员而言，无论是译入母语还是外语，脱壳程度与口译质量之间均未表现出显著的相关性。若结合具体的脱壳参数进行分析，发现译入母语时，过于灵活的词汇选择可能导致口译评分下降；而在译入外语时，译员在语境中巧妙地使用词汇则显著提高了口译质量。此外，句法处理，尤其是句子结构的重组，也对提高译入外语时的口译质量具有积极影响。

脱壳程度与口译质量呈正相关是多数实证研究的共识（潘玉洁，2021；叶俊文，2018；孙海琴，2012）。胡逸（2022）在其研究中发现，即便存在翻译方向这一变量，译员在两种翻译方向上的脱壳程度越高，口译质量也越高。程喆（2017）采用 Setton & Motta 的脱壳量化法分析脱壳静态过程与口译质量的关系，结果表明，无论是英汉还是汉英翻译方向，脱壳程度越高，口译质量越好。然而，通过心理学再记忆测试法探讨脱壳动态过程与口译质量的关系时，程喆发现，译入母语时，形式保留程度越高，口译质量越高；而在译入外语时，脱壳过程与口译质量无显著相关性。

本研究发现，翻译方向对脱壳程度与口译质量之间的关系存在影响，尤其是在译入外语时，经验欠缺的译员表现出脱壳程度与口译质量呈正比的关系；然而，在译入母语时则呈现出负相关。这与程喆通过心理学再记忆测试法得出的结论一致。根据本研究结果，经验欠缺的译员在译入母语时，脱壳程度明显高于译入外语以及经验丰富的译员，但较高的脱壳程度并未带来较高的口译质量。无论是译入外语还是母语，经验欠缺的译员的口译质量评分均显著低于经验丰富的译员。

如前文所述，经验欠缺的译员在译入母语时面临更大难度，可能采取"延迟策略"以应对较高的认知负荷，从而导致耳语间隔（EVS）延长。然而，由于工作记忆对较早句子的形式保留能力较弱，仅能记住"主旨"或"意义"，因此，经验欠缺的译员不得不更多依赖脱壳翻译来处理前面无法准确记忆的内容。再加上其语言和经验水平的限制，认知资源分配更加紧张，信息丢失不可避免，从而直接影响口译评分。本实验中基于Helle V. Dam 的研究方法，数据显示经验欠缺的译员在两种翻译方向上，译出信息片段明显少于经验丰富的译员，部分印证了信息丢失的现象。因此，虽然经验欠缺的译员在译入母语时的脱壳程度较高，但口译质量仍然较低。

对于经验丰富的译员而言，译入和译出方向的脱壳差异并不显著，且在译入母语时口译质量较高，整体表现也优于经验欠缺的译员。这表明，当译员的经验水平达到一定程度后，词汇检索和概念激活更加熟练，翻译方向的影响逐渐减少，译入与译出任务变得更加相似。在更有效的认知资源管理下，口译质量无论脱壳程度如何，都能保持较高水平。

在具体脱壳参数方面，叶俊文（2018）提出，译文质量与上下文中灵活的自由表达、解释和句子重组密切相关。程喆（2017）指出，在译入母语时，语法重述、解释及调整句子成分顺序对质量的影响更大；而在译入外语时，语法重述、解释及连接词的添加、删除或转化是提升译文质量的重要手段。然而，具有代表性的规律总结较为有限。本研究发现，特别是词语的巧妙使用和句子结构的重组对提高译入外语的质量有重要作用，为口译教学提供了有益的指导。

第8章 结　　论

8.1　研究总结

本研究基于释意理论的脱壳主张，以脱壳现象为实验对象，采用了文本层面的实证研究方法——Helle V. Dam 的"词汇异同法"与 Setton & Motta 的"质化和量化交佐法"，以多元互证的方式分析影响脱壳程度的因素。本研究设定了两个自变量：翻译方向（英译汉、汉译英）和译员经验水平（经验丰富、经验欠缺）。通过图表法、相关性分析、回归分析等统计分析方法，对实验数据进行了详细分析，探讨了自变量与脱壳程度及相应口译质量这两个因变量之间的关系。本研究的综合分析结论如下：

（1）完全脱壳的不可实现性。

译员在两种翻译方向上的目标语文本主要以基于形式的翻译为主。尽管译员的经验水平和翻译方向对文本的脱壳程度有所影响，但总体上，脱壳程度普遍较低，这一现象对释意理论中关于"完全脱壳"的观点提出疑问。

（2）脱壳程度的"非对称性"。

译员在不同翻译方向上的脱壳程度表现出一定的"非对称性"，但这种非对称性并非普遍适用于所有译员，而是显著受译员经验水平的影响。具体而言，经验丰富的译员在译入母语和译出母语时的脱壳程度差异并不显著，表明他们能够在两种翻译方向上较好地平衡形式与意义之间的关系。相比之下，经验欠缺的译员则表现出较强的方向性差异：在译入母语时，其脱壳程度反而较高；而在译入外语时，他们则更倾向于形式化翻译。这一结果与实验假设中关于脱壳程度在母语翻译方向上应增高的预期相悖。

（3）翻译方向对脱壳程度的影响。

翻译方向的影响在不同经验水平的译员中呈现出不同的趋势。经验丰富的译员在译入外语时表现出更高的脱壳程度，能够更灵活地处理源语言的信息并自由表达；而在译入母语时，他们则倾向于保持较低的脱壳程度。与之相对，经验欠缺的译员在译入外语时则倾向于形式保留，脱壳程度较低；而在译入母语时则更频繁地使用脱壳策略。这表明翻译方向对脱壳程度的影响在不同经验水平的译员中存在显著差异。

（4）翻译方向对口译质量的影响。

翻译方向对口译质量确实产生了显著影响，但这一影响因译员的经验水平而有所不同。整体而言，译入母语时的口译质量较高，尽管这一差异并不十分显著。经验丰富的译员在译入母语时通常表现出较高的口译质量；而对于经验欠缺的译员，翻译方向对口译质量的影响较小，母语和外语方向上的质量差异不大。此外，无论是总体质量评分还是按翻译方向给出的评分，经验丰富的译员的口译质量均高于经验欠缺的译员，这表明经验对同声传译任务中的口译质量具有显著的正向影响。

（5）脱壳程度与口译质量的关系。

总体来看，脱壳程度与口译质量之间未表现出显著的相关性。然而，翻译方向和译员经验水平在调节这一关系中起到了关键作用。具体而言，在译入母语时，脱壳程度与口译质量呈负相关。尤其是对于经验欠缺的译员而言，脱壳程度越高，口译质量越低，这可能是由于过度脱壳导致了信息丢失和表达不准确。相对地，在译入外语时，脱壳程度与口译质量呈正相关，经验欠缺的译员增加脱壳程度有助于提升外语方向上的口译质量。

（6）具体脱壳参数的影响。

进一步分析脱壳参数发现，在译入母语时，过于灵活的词汇选择可能导致口译质量下降，这表明在母语翻译方向上，形式保留和信息传递之间的平衡显得尤为重要。相比之下，在译入外语时，译员在上下文中灵活使用词汇，尤其是通过重组句子结构，能够显著提高口译质量。这表明在脱壳过程中，词汇选择和句法处理对外语方向的口译表现具有积极作用。

综上所述，本研究通过综合分析翻译方向、译员经验与脱壳程度、口译质量的互动关系，得出了一些关键结论：翻译方向对脱壳程度和口译质量的影响显著，尤其在经验欠缺的译员中更为明显；经验丰富的译员表现出更强的平衡能力，无论是脱壳程度还是口译质量，在两个翻译方向上的表现差异不大；经验欠缺的译员在译入母语时由于更高的脱壳程度导致口译质量下降，但在译入外语时，适当的脱壳反而提升了口译表现；词汇选择和句法重组等脱壳策略的有效应用对提高外语方向的口译质量具有重要意义，特别是在译员教学中可以作为参考依据。

8.2 研究局限

第一，样本规模的限制：本研究的参与者数量相对较少，每个经验水平组只有五位译员，共十位译员参与实验。较小的样本量可能导致数据中随机波动的影响较大，还可能会掩盖潜在的显著差异或趋势，在一定程度上限制了统计分析的稳健性和广泛适用性。

第二，远程口译实验方式的变量因素：本实验采用远程口译形式进行，在线发放和收集实验音频。这种口译方式虽然具有一定的实践生态效益，但相比实验室环境，不可避免地引入了多个不可控的变量，如环境干扰、设备差异和自我监督问题等。这些变量可能会对实验结果产生影响，降低实验的控制性和数据的可靠性。

第三，本研究的实验文本聚焦于教育领域，其类型和难度较为有限，可能无法充分代表实际口译场景中的复杂性。不同领域的文本，如技术文档、法律条文、文学作品等，对译员的语言能力和脱壳策略有着不同的要求。因此，本研究结论的普适性可能受到限制。

第四，脱壳程度的测量方法的主观性：本研究主要使用"词汇异同法"与"质化和量化交佐法"来测量脱壳程度。然而，这些方法在操作过程中具有一定的主观性，研究者在判断词汇和句子结构的异同时可能存在差异，可能导致对脱壳现象的量化统计产生偏差。

8.3 未来的研究展望

本研究对翻译和口译领域具有重要的理论意义和实践意义。首先，它挑战了传统的脱壳理论，揭示了脱壳过程中的"非对称性"及译员经验对策略的影响，为理论发展提供了新视角。其次，研究结果为口译实践提供了指导，特别是根据不同译员的经验水平和翻译方向进行策略选择，有助于提高翻译质量。再次，根据研究结论可以改进口译培训，制订针对性的训练方案，提升译员的综合能力。本研究还丰富了翻译质量评估理论，表明翻译方向对口译质量有显著影响，尤其在经验欠缺的译员中更为明显。最后，本研究通过应用新的实验方法，为同声传译领域提供了新的工具，也为远程口译的复杂性和挑战提供了宝贵的见解。这些成果不仅推动了理论的发展，也为实践应用和未来研究方向提供了重要参考。

在未来的研究中，可以从以下几个层面进行研究深度和广度的挖掘和扩展：

扩展探讨因素：本研究主要关注了翻译方向和译员经验水平对脱壳程度和口译质量的影响。未来的研究可以进一步探讨其他可能的影响因素，如文本类型、译员的心理状态及背景知识等。这将有助于人们更全面地理解脱壳现象，并提高研究结果的普适性。

探讨不同口译模式的影响：本研究集中于远程口译的实验模式。未来研究可以比较远程口译与现场口译的差异，特别是考虑到环境因素和设备条件对译员表现的影响。这将有助于人们理解不同口译模式对脱壳策略和口译质量的具体影响。

深入分析脱壳策略的细化：本研究关注了脱壳的总体策略，通过脱壳参数对相关联的口译策略进行了一定分析，但深度不够。未来研究应深入探讨不同类型的脱壳策略(如语法重述、信息压缩等)对口译质量的具体影响。通过细化对脱壳参数的分析，可以使人们更精确地了解哪些策略在不同翻译方向和领域中更为有效。

多语言和跨文化比较研究：本研究主要集中于中英语言组合。未来的研究可以扩展到其他语言组合，如多语种翻译(如西班牙语、法语等)，以及跨文化背景下的翻译研究。这将有助于人们了解不同语言和文化背景对脱壳策略和口译质量的影响。

参 考 文 献

[1]Al-Salman Saleh, Al-Khanji Rajai. The Native Language Factor in Simultaneous Interpretation in an Arabic/English Context[J]. *Meta*, 2002, 47 (4):233-239.

[2]Anderson R C, Pearson P D. A Schema-theoretic View of Basic Processes in Reading Comprehension[A]. In P D Pearson (Ed.), *Handbook of Reading Research*[C]. New York: Longman, 1984:255-291.

[3]Angelone E, M. Ehrensbergen-Dow, G. Massey. Cognitive Processes[A]. In C V Angelelli, B J Baer (eds.). *Researching Translation and Interpreting* [C]. London and New York: Routledge, 2016.

[4]Baker M, Saldanha G. *Routledge Encyclopedia of Translation Studies*[C]. 2nd edition, London and New York: Routledge Language Readers, 2009.

[5]Baker M. *In Other Words*[M]. London: Routledge, 2000.

[6]Bartłomiejczyk M. Anticipation: A Controversial Interpreting Strategy[J]. *Translation and Meaning*, 2008(8):117-126.

[7]Beeby Lonsdale. Direction of Translation (directionality)[A]. In Baker M (ed.). *Routledge Encyclopedia of Translation Studies*[C]. London and New York: Routledge, 2009:84-88.

[8]Campbell S. *Translation into the Second Language*[M]. London and New York: Longman, 1998.

[9]Carrell P L. Second language reading: Reading ability or language proficiency? [J]. *Applied linguistics*, 1991,12(2):159-179.

［10］Chang C Y. Testing Applicability of Eye-tracking and fMRI to Translation and Interpreting Studies：An Investigation into Directionality［D］. Ph. D. Dissertation. London：Imperial College London,2009.

［11］Chang C Y. Translation Directionality and the Revised Hierarchical Model：An Eye-Tracking Study［A］. In O'Brien S （ed.）. *Cognitive Explorations of Translation*［C］. London/NY：Continuum, 2011：154-174.

［12］Chang V C Y, Chen I. F. Translation Directionality and the Inhibitory Control Model：a Machine Learning Approach to an Eye-tracking Study［J］. *Frontiers in Psychology*, 2023（14）.

［13］Chernov G V. Simultaneous interpretation in Russia：Development of research and training［J］. *Interpreting*, 1999,4（1）:41-54.

［14］Chernov G. V. *Inference and Anticipation in Simultaneous Interpreting*［M］. Amsterdam/Philadelphia：John Benjamins,2004.

［15］Clarke M A. The short circuit hypothesis of ESL reading-or when language competence interferes with reading performance［J］. *The Modern Language Journal*, 1980,64（2）：203-209.

［16］Dam H V. Lexical Similarity vs. Lexical Dissimilarity in Consecutive Interpreting：a Product-oriented Study on Form-based vs. Meaning-based Interpreting［J］. *The Translator*,1998, 4（1）：49-68.

［17］Dam H V. On the Option between Form-based and Meaning-based Interpreting：The effect of Source Text Difficulty on Lexical Target Text Form in Simultaneous Interpreting［J］. Översättning och tolkning. Rapport från ASLA：s höstsymposium, Stockholm, 5-6 november 1998. Red. av Birgitte Englund. Universitetet i Uppsala, 2000:27-55.

［18］Delisle J. *Au coeur du trialogue canadien/ Bridging the Language Solitudes*［M］. Historique de l' évolution du Bureau fédéral des traductions, 1934-1984, translated by Logan and Creery, Ottawa：Ministère des Approvisionnements et Services,1984.

［19］Delisle J. *Translation*: *An Interpretive Approach*［M］. Ottawa, Canada: University of Ottawa Press,1988.

［20］Denissenko J. Communicative andInterpretative Linguistics［A］. In Gran L, Dodds J(eds.) *The Theoretical and Practical Aspects of Teaching Conference Interpretation*［C］. Udine: Campanotto Editore, 1989:155-157.

［21］Donovan C. Survey of User Expectations and Needs［A］. In *Teaching simultaneous interpretation into a ' B ' language*［C］. EMCI Workshop proceedings, 2002:2-11.

［22］Donovan C. European Masters Project Group: Teaching Simultaneous Interpretation into a B language［J］. *Interpreting International Journal of Research and Practice in Interpreting*, 2004,6(2):205-216.

［23］Elsebaei M. Investigating Meaning-based and Form-Based Strategies in Simultaneous Interpretation: A Corpus-based Study of the Effect of Directionality in Arabic and English Interpretation［D］. unpubl. Master's thesis, Alexandria University,2013.

［24］Fabbro F, Gran L, Basso G, et al. Cerebral Lateralization in Simultaneous Interpretation［J］. *Brain and Language*, 1990(39): 69-89.

［25］Ferreira A, Schwieter J W, Gottardo A, Jones J. Cognitive Effort in Direct and Inverse Translation Performance: Insight from Eye-tracking Technology［J］. *Cadernos de Tradução*, 2016,36(3):60-80.

［26］García A M. Translating with an Injured Brain: Neurolinguistic Aspects of Translation as Revealed by Bilinguals with Cerebral Lesions［J］. *Meta*, 2015,60(1):112-134.

［27］Gerver D. Empirical Studies of Simultaneous Interpretation: A Review and a Model［A］. In R. Brislin (ed.) *Translation Applications and Research*［C］. New York: Gardner Press, 1976:165-207.

［28］Gile D. La sensibilité aux écarts de langue et la sélection d'informateurs dans l'analyse d'erreurs: une expérience［J］. *The Incorporated Linguist*,

1985,24(1):29-32.

[29] Gile D. ScientificResearch vs. Personal Theories in the Investigation of Interpretation[J]. In *Aspects of Applied and Experimental Research on Conference Interpretation*[C]. Udine, Campanotto, 1990:28-41.

[30] Gile D. *Basic Concepts and Models for Interpreter and Translator Training* [M]. Amsterdam/Philadelphia: John Benjamins,2009.

[31] Gile D. Conference Interpreting as a Cognitive Management Problem[A]. In Danks Joseph E, Gregory M Shreve, Stephen B Fountain, Michael K McBeath (eds.). *Cognitive Processes in Translation and Interpreting*[C]. Thousand Oaks, London and New Delhi, Sage Publications,1997: 196-214. And in Pöchhacker Franz and Shlesinger Mraiam (eds.). *The Interpreting Studies Reader*[C]. Benjamin Translation Library, 2002:163-176.

[32] Gile D. Directionality in Conference Interpreting: A Cognitive View[A]. In R Godijns, and M Hindedael (eds.) *Directionality in interpreting. The "Retour" or the Native?* [C]. Ghent: Communication and Cognition, 2005:9-26.

[33] Gile D. Experimental Research[A]. In C V Angelelli & B J Baer (eds.). *Researching Translation and Interpreting* [C]. London and New York: Routledge, 2016:220-228.

[34] Gouadec D. *La traduction, la comprendre, l'apprendre*[M]. Paris: PUF, 2011.

[35] Groot A M, Poot R. Word Translation at Three Levels of Proficiency in a Second Language: The Ubiquitous Involvement of Conceptual Memory[J]. *Language Learning*, 1997,47(2):215-264.

[36] Herbert J. *The Interpreter's Handbook: How to Become a Conference Interpreter*[M]. Paris: Librairie de l'Université,1952.

[37] Hvelplund K T. Allocation of Cognitive Resources in Translation: An Eye-

tracking and Key-logging Study [D]. PhD. Dissertation. Copenhagen: Copenhagen Business School,2011.

[38] IAPTI's Ethics Committee. Translation into a non-native language[OL]. https://www. iapti. org/files /surveys/2/IAPTI _ non-native _ report. pdf. (2015-01-01)[2024-08-31].

[39] Isham W P. Memory for Sentence Form after Simultaneous Interpretation: Evidence both for and against Deverbalization [J]. *Bridging the gap: Empirical Research in Simultaneous Interpretation*, 1994:191-211.

[40] Jänis M. From the A Language to the B Language and from the B Language to the A Language-What is the Difference? [J].*Perspectives on Interpreting*, 2002(33): 1000-1012.

[41] Jarvella R J. Syntactic Processing of Connected Speech[J]. *Journal of Verbal Learning and Verbal Behaviour*, 1971(10): 409-416.

[42] Jensen K T. Indicators of Text Complexity[A]. In Mees, IM, F. Alves, S. Göpferich (eds.). *Behind the Mind: Methods, Models and Results in Translation Process Research*[C]. Samfundslitteratur Press, 2009:61-80.

[43] Kalina S. Quality Assurance for InterpretingProcesses[J]. *Meta*, 2005,50 (2):768-784.

[44] Kelly L G. *The True Interpreter: A History of Translation Theory and Practice in the West*[M]. Oxford: Basil Blackwell,1979.

[45] Kirchhoff Hella. Simultaneous Interpreting: Interdependence of Variables in the Interpreting Process, Interpreting Models and Interpreting Strategies [A]. In Franz Pöchhacker, Miriam Shlesinger (eds.). *The Interpreting Studies Reader*[C]. London and New York: Routledge,2002:110-119.

[46] Kroll J F, Stewart E. Category Interference in Translation and Picture Naming: Evidence for Asymmetric Connections between Bilingual Memory Representations[J]. *Journal of Memory and Language*, 1994,33(2):149-174.

[47]Kroll J F, Michael E, Tokowicz N, Dufour R. The Development of Lexical Fluency in a SecondLanguage[J]. *Second Language Research*, 2002,18 (2):137-171.

[48]Kuznik A. Use of Instrumental Resources[A]. In Al-bir A H (ed.). *Researching Translation Competenceby PACTE Group*[C]. Amsterdam: John Benjamins, 2017:219-242.

[49]Kuznik A, Olalla-Soler C. Results of PACTE Group's Experimental Research on Translation Competence Acquisition. The Acquisition of the Instrumental sub-competence[J]. *Across Languages and Cultures*, 2018 (1): 19-51.

[50]Ladmiral J R. Le Salto Mortale de la Déverbalisation[J]. *Meta*, 2005(2): 473-487.

[51]Lederer M. *La traduction simultanée-Experience et Théorie*[M]. Paris: Minard Lettres Modernes,1981.

[52]Lederer M. *The Translation: The Interpretive Model*[M]. Manchester: St Jerome Publishing,2003.

[53]La Heij W, Hooglander A, Kerling R, et al. Nonverbal Context Effects in forward and backward Word Translation: Evidence for Concept Mediation [J].*Journal of Memory and Language*, 1996,35(5):648-665.

[54]Macizo P., Bajo M T. Reading for Repetition and Reading for Translation: Do They Involve the Same Processes? [J]. *Cognition*, 2006(1):1-34.

[55]Massaro D W, Shlesinger M. Information Processing and a Computational Approach to the Study of Simultaneous Interpretation[J]. *Interpreting*, 1997,2(1-2):13-53.

[56]Minns P. Language Interpreting into B. Some Conclusions Gathered from Experience[A]. In *Teaching simultaneous interpretation into a "B" language*[C]. EMCI Workshop proceedings, 2002:35-37.

[57]Moser B. Simultaneous Translation: Linguistic, Psycholinguistic, and

Human Information Processing Aspects ［D］. unpubl. PhD thesis, University of Innsbruck,1976.

［58］Moser B. Simultaneous Interpretation：A Hypothetical Model and its Practical Application［A］. In D Gerver and H W Sinaiko (eds.). *Language Interpretation and Communication*［C］. New York：Plenum Press, 1978：353-367.

［59］Moser-Mercer B. Process Models in Simultaneous Interpretation ［J］. *Machine Translation and Translation Theory*, 1997,1(3)：3-18.

［60］Moser-Mercer B. Remote Interpreting：Assessment of Human Factors and Performance Parameters［J］. *Joint Project International*, 2003：1-17.

［61］Newmark P. *A Textbook of Translation*［M］. New Jersey：Prentice-Hall International,1988.

［62］Opdenhoff J. Directionality and Working Memory in Conference Interpreting — an Experimental Study［A］. In Jiménez Ivars M A & Blasco Mayor M J (eds.). *Interpreting Brian Harris-Recent Developments in Translatology*［C］. Oxford：Peter Lang, 2012：161-171.

［63］PACTE. Acceptability ［A］. In Hurtado Albir A (ed.). *Researching Translation Competence by PACTE Group* ［C］. Amsterdam：John Benjamins, 2017：119-130.

［64］Padilla P, Abril M I. Implicaciones de la dirección inglésespañol en la adquisición de la técnica de interpretación simultánea［A］. In D Kelly, A Martin, M L Nobs, D Sánchez, and C Way (eds.). *La direccionalidad en traducción e interpretación. Perspectivas teóricas, profesionales y didácticas* ［C］. Granada：Editorial Atrio, 2003：391-406.

［65］Pavloviĉ N, Jensen K. Eye Tracking Translation Directionality ［J］. *Translation Research Project*s, 2009(2)：93-109.

［66］Pavlenko A. (Ed.). *The Bilingual Mental Lexicon：Interdisciplinary Approaches*［M］. Bristol：Multilingual Matters,2009.

［67］Petsche H, Etlinger S C, Filz O. Brain Electrical Mechanisms of Bilingual Speech Management: An Initial Investigation［J］. *Electroencephalography and Clinical Neurophysiology*, 1993,86(6):385-394.

［68］Picken C. *The Translator's Handbook*［C］. London: Aslib,1989.

［69］Pöchhacker F. *Introducing Interpreting Studies*［M］. London: Routledge, 2004.

［70］Pöchhacker F. *Routledge Encyclopedia of Interpreting Studies*［M］. London: Routledge, 2015.

［71］Pokorn N K. *Challenging the Traditional Axioms: Translating into a Non-mother Tongue*［M］. Amsterdam/ Philadelphia: John Benjamins, 2005.

［72］Pokorn N K. Directionality ［A］. In Y. Gambier and L. Van Doorslaer (eds.). *Handbook of Translation Studies*［C］. Amsterdam and Philadephia: John Benjamins Publishing, 2010:37-39.

［73］Pokorn N K, Blake J, Reindl D, et al. The Influence of Directionality on the Quality of Translation Output in Educational Settings［J］. *The Interpreter and Translator Trainer*, 2020(1): 58-78.

［74］Pressley M, Wood E, Woloshyn V E, et al. Encouraging Mindful Use of Prior Knowledge: Attempting to Construct Explanatory Answers Facilitates Learning［J］. *Educational Psychologist*, 1992,27(1):91-109.

［75］Recommendations on the Legal Protection of Translators and Translations and the Practical Means to Improve the Status of Translators［OL］.https://www. unesco. org/en/legal-affairs/recommendation-legal-protection-translators-and-translations-and-practical-means-improve-status. (1976-11-22)［2024-08-31］.

［76］Rejšková J. Teaching Experience of Simultaneous into B［A］. In *Teaching Simultaneous Interpretation into a "B" Language*［C］. EMCI Workshop proceedings. Paris: ESIT, 2002:30-34.

［77］Rinne J O, Tommola J, Laine M, et al. The Translating Brain: Cerebral

Activation Patterns during Simultaneous Interpreting [J]. *Neuroscience Letters*, 2000,294(2): 85-88.

[78] Robinson D. *Western Translation Theory: From Herodotus to Nietzsche* [M]. Beijing: Foreign Language Teaching and Research Press, 2007.

[79] Salama-Carr Myriam. The Interpretive Approach[J]. In Baker M. and G Saldanha. *Routledge Encyclopedia of Translation Studies* [C]. London: Routledge Language Readers, 2009:145-147.

[80] Sachs J S. Recognition Memory for Syntactic and Semantic Aspects of Connected Discourse[J]. *Perception & Psychophysics*, 1967,9(2):437-442.

[81] Schwieter J W, Ferreira A. (Eds.). *The Handbook of Translation and Cognition*[C]. New York: John Wiley & Sons, 2017.

[82] Seleskovitch D. L'interprétation de conférence[J]. *Babel*, 1962:8-18.

[83] Seleskovitch D. *L'Interprète dans les conférences internationales. Problèmes de langage etde communication*[M]. Paris: Minard. 口译技巧[M]. 孙慧双,译. 北京:北京出版社, 1979.

[84] Seleskovitch D. *Langage, langues et mémoire. Étude de la prise de notes en interprétation consécutive*[M]. Paris: Minard, 1975.

[85] Seleskovitch D. Take Care of the Sense and the Sounds Will Take Care of Themselves or Why Interpreting is not Tantamount to Translating Languages [J]. *The Incorporated Linguist*, 1977(15): 27-33.

[86] Seleskovitch D. *Interpreting for International Conferences*[M]. translation of L'Interprète dans les Conférences internationales, translated by Stephanie Dailey and Eric Norman, Washington, DC: Pen & Booth,1994.

[87] Seleskovitch D, Lederer M. *Interpréter pour Traduire* [M]. Paris: Didier Erudition, 1984.

[88] Seleskovitch D, Lederer M. *La Pédagogie raisonnée de l'interprétation* 口译训练指南[M]. 闫素伟,邵炜,译.北京:中译出版社, 2011.

［89］Setton R. Deconstructing SI： a Contribution to the Debate on Component Processes［J］.*The Interpreter s' Newsletter*, 2002(11)： 1-26.

［90］Setton R, Motta M. Syntacrobatics： Quality and Reformulation in Simultaneous-with-text［J］. *Interpreting*, 2007,9(2)：199-230.

［91］Shuttleworth M, Cowie M. *Dictionary of Translation Studies*［Z］. Shanghai： Shanghai Foreign Language Education Press, 2004.

［92］Shveitser A. At the Dawn of Simultaneous Interpretation in Russia［J］. *Interpreting*, 1999,4(1)：23-28.

［93］Tommola Heleva. *Language Direction and Source Text Complexity-Effects on Trainee Performance in Simultaneous Interpreting*［M］. London： Routledge, 1998.

［94］Vahed S, Alavi S M. The Role of Discipline-related Knowledge and Test Task Objectivity in Assessing Reading for Academic Purposes［J］.*Language Assessment Quarterly*, 2020,17(1)：1-17.

［95］Van Dijk R, Boers E, Christoffels I, et al. Directionality Effects in Simultaneous Language Interpreting： The Case of Sign Language Interpreters in the Netherlands［J］. *American Annals of the Deaf*, 2011, 156(1)： 47-55.

［96］Venuti L. *The Translator's Invisibility. A History of Translation*［M］. London： Routledge, 1995.

［97］Wang B R. Translation Practices and the Issue of Directionality in China ［J］. *Meta： Translators' Journal*, 2011, 56(4)： 896-914.

［98］Whyatt B, Witczak O, Tomczak E. Information Behaviour in Bidirectional Translators： Focus on Online Resources［J］. *The Interpreter and Translator Trainer*, 2021(2)： 154-171.

［99］鲍刚. 口译理论概述［M］. 北京：旅游教育出版社, 1998.

［100］蔡小红. 口译评估［M］. 北京：中国出版集团, 中国对外翻译出版公司, 2007.

［101］程喆．同声传译的方向性对源语信息处理方式的影响［D］．上海：上海外国语大学，2017．

［102］程勇，董军，晋淑华．基于新标准的汉语二语文本阅读难度分级体系构建与应用［J］．世界汉语教学，2023（1）：98-110．

［103］方林．同声传译源语与译语词汇相似度实证研究［D］．上海：上海外国语大学，2010．

［104］冯佳，王克非．翻译方向和文本难度对注意分配的影响——基于英/汉翻译的实证证据［J］．中国外语，2021（4）：97-104．

［105］冯佳．中英双向互译中翻译认知过程研究：基于眼动追踪和键盘记录的实证分析［M］．北京：外语教学与研究出版社，2018．

［106］高彬，赵竹轩．远程口译的技术挑战与教学对策——职业译员视角的实证研究［J］．外语电化教学，2024（3）：62-68，117．

［107］高方，余华．"尊重原著应该是翻译的底线"——作家余华访谈录［J］．中国翻译，2014（3）：59-63．

［108］葛晓华．关于翻译方向对翻译过程及产品的影响［J］．上海翻译，2022（5）：32-37．

［109］郭靓靓．中英文同传译语语序处理方式的选择与原因研究［D］．上海：上海外国语大学，2011．

［110］郭松林，王晓辉．中国政治术语译出的标准化：术语学与翻译方向性之维［J］．中国翻译，2024（2）：87-94．

［111］胡逸．同传中方向性对脱离源语语言外壳程度影响的研究［D］．上海：上海外国语大学，2022．

［112］黄日威．有稿与无稿英中同传的"脱离原语语言外壳"程度及口译质量对比研究［D］．上海：上海外国语大学，2022．

［113］侯林平，郎玥，何元建．翻译方向对概念障碍加工路径的影响：语料库辅助认知对比研究［J］．外国语（上海外国语大学学报），2022（4）：108-119．

［114］孔慧怡．'99 全国暑期英汉翻译高级讲习班学员资料调查［J］．中国

翻译，2000（2）：60-62.

[115]李建军．直议莫言与诺奖[J]．文学自由谈，2013（1）：24-36.

[116]刘云柯．基于语言方向性的英汉/汉英同传策略分析[D]．沈阳：东北大学，2019.

[117]梁晴霞．对方向性影响视译质量的认知调查[D]．北京：外交学院，2023.

[118]龙明慧．从翻译方向性看翻译中的民族中心主义[J]．东南亚纵横，2007（6）：69-73.

[119]罗选民．翻译与跨文化传播中的文化自觉[J]．外语电化教学，2019（4）：3.

[120]潘玉洁．脱离源语语言外壳程度与英汉交传质量之相关性研究[D]．上海：上海外国语大学，2021.

[121]施楠．英汉同声传译中方向性与数字口译质量对比研究[D]．北京：北京外国语大学，2021.

[122]孙海琴．源语专业信息密度对同声传译"脱离源语语言外壳"程度的影响[D]．上海：上海外国语大学，2012.

[123]王纯磊．基于语篇命题分类的语言表征记忆效应研究[J]．广西民族大学学报（哲学社会科学版），2014，36（6）：184-188.

[124]王蕾．可读性公式的内涵及研究范式——兼议对外汉语可读性公式的研究任务[J]．语言教学与研究，2008（6）：46-53.

[125]王非，梅德明．不同方向的口译过程信息加工与工作记忆的关系[J]．中国翻译，2017，38（4）：38-44.

[126]王宁．比较文学与翻译研究再识——兼论谢天振的比较文学研究特色[J]．中国比较文学，2021（2）：1-13.

[127]王一方．两种翻译方向下语言隐喻对源语理解过程的影响[J]．外语学刊，2018（2）：102-109.

[128]王湘玲，王律，郑冰寒．翻译方向对信息加工过程及质量的影响——基于眼动和屏幕记录等数据的多元互证[J]．外语教学与研

究，2022(1)：128-139，161.

[129]吴利明. 方向性对学生译员中英同传译语流利性的影响研究[D]. 北京：北京外国语大学，2022.

[130]吴赟，李伟. 翻译方向性与中国文化对外翻译的研究面向[J]. 外国语(上海外国语大学学报)，2022(6)：99-109.

[131]许钧. 翻译释意理论辨——与塞莱斯科维奇教授谈翻译[J]. 中国翻译，1998(1)：9-13.

[132]许钧. 译入与译出：困惑、问题与思考[J]. 中国图书评论，2015(4)：111-117.

[133]许明. 口译认知过程中"deverbalization"的认知诠释[J]. 中国翻译，2010(3)：5-11，95.

[134]叶俊文. 英中同传脱离源语语言外壳与译文质量的关系[D]. 北京：北京外国语大学，2018.

[135]张吉良. 经典的缺憾——释意学派口译理论批评[J]. 深圳大学学报(人文社会科学版)，2010(4)：119-125.

[136]张巍然. 命题及其表述：英汉对比研究[D]. 郑州：河南大学，2002.

[137]周宣丰，闫培香. "翻译中国"的文化政治——从"翻译方向"的优劣之辩谈开去[J]. 广州大学学报(社会科学版)，2023(1)：73-82.

附录1 英文实验文本及测量单位切分

It seemed to me that/ my high school students were becoming less curious. / They seemed to have a harder time with the hard tasks of learning/and a really difficult time when they had to wrestle with confusion. /The most frequent question that I was getting/ on the first day of school was/, "Ms. Cadwell, can you tell me/ what I need to do to get an A?"/ When I heard that, / my heart would sink, /but then I realized that/ these students were doing /what they were trained to do. / They were trained to focus on answers rather than questions. / It dawned on me that/ I was being trained as well. / I was a cog in a wheel in a system that/ put a premium on the product rather than on the process of inquiry. / So I made a decision that/ I was going to radically change my teaching practice for the benefit of my students, but also for the health of our democracy. / Our current educational system is still stuck in the dark ages. / Despite recent efforts at school redesign, many high school students are in classrooms/ where they are being asked to absorb massive amounts of information and then regurgitate it back on a test. / Many of them have to sit in rows/ and raise their hands to let their voices be heard. / I know this/ because this is /what my classroom looked like for years. / But it dawned on me that/ I was promoting those students/ who knew how to play the game of school, /and they succeeded. / But other students who were equally talented, /who did not know how to play the game of school/ or who refused to do so, / suffered. /I realized that/ Benjamin Franklin was right/ when he said, / "Never let schooling get in the way of your education." I also realized that/ I had to redesign my teaching practice/ because the brains of the students that I have in my classes today/ may be developing in significantly different ways/ than the brains of students I had 30 years ago, before the invention of electronic devices. / Technology has had untold benefits for our profession of education. / Yet teens' addiction to their devices may be significantly altering the way/ their brains are wired, making them more distractible, less able to focus, and less likely to complete tasks. / Recent research on smartphone and screen-use indicates that prolonged use of these devices by teenagers/ may promote antisocial behavior, / increase political disengagement, depression, and loneliness. /Ask any high school teacher or any parent of a teenager, /and they will tell you that/ the enemy of critical thinking, focused engagement, and social interaction is the screen. / Education is from the Latin root "educare,"/ which means to draw out or to be present at the birth of. /I began to think, /what if I said to my students, /"This is the most important device /that you own, /and this is the one /that you need to turn on all day every day. "/ What if I grounded my teaching practice in recent research on/ how the brain learns? / What if I grounded my teaching in questions rather than answers? / And what if I stepped back to allow my students to step up and engage in the messiness of learning? / Socrates believed that/ education is the kindling of a flame rather than the filling of a vessel. / I wanted to be present at the birth of my students' ideas, / and I wanted them to find their own voice. / So I decided to do something radical. / I turned my classroom over to my students. / This is what my classroom looks like now/: In my classroom, students sit around an oval table called a Harkness table. / In our Harkness discussions, the students drive the conversation. / They read difficult primary source materials, / ask/ and answer essential questions, / and solve difficult challenges/ that I put before them. /They may not merely write down/ what I say/ because I am not talking. / I may be at the table, / and I may say something from time to time, / but I do not direct the conversation, / nor do

I direct them towards an answer that/ I want them to find. /Instead, they need to work together to construct meaning and draw their own conclusions from the challenges/ that I put before them. This pedagogy is grounded in inclusion. / All voices are valued and encouraged. / I often say to my students, / "None of us is as smart as all of us. " /As the students are talking, /I sit/ and track the conversation, / show them this data, / and then they talk about it/ and discuss/ how they can improve their next conversation. /

附录2　中文实验文本及测量单位切分

　　我越来越觉得，/孩子感受力的丢失是一件非常可怕的事情。/每一个孩子在成长的过程中，应该都有对天地万物的感受。/那到底什么是感受力呢？/就是能够主动运用感受/或者因为客体而产生感受的能力。/说得更直白一点/，能够让我们的内心变得更柔软，/对天地自然、对人情冷暖有所触动的能力。/但是现在，我们孩子们的心真的很难被触动。/有的孩子可能能够保持对世界的好奇和善意，/但是很多孩子会变得越来越冷漠。/我们稍微回顾一下/近几年发生的青少年凶杀案，/就会让我们感到不寒而栗。/身为教育者，我也在思考/教育到底发生了什么，/我能够做点什么。/近些年，由于数字智能发展/和自然体验缺失，/我们的很多孩子沉迷于虚拟的世界。/他们看不见春花秋月，/听不见鸟语虫鸣，/也闻不到满园花香。/因为与现实世界疏离，/他们变得无感而冷漠。/作为语文老师，我也在尝试建设一种新的语文教育生态，/我把它称为场景沉浸式学习。/我希望通过一些基于现实场景的学习，/让他们的感受力得到应有的发展。/有一次，我让学生写一篇作文，/作文题目是"深圳的秋天"。/有学生在下面起哄说：/"老师，深圳哪有秋天？/你没听说吗？/深圳只有春天和夏天。"/我就说："其实深圳也是有秋天的，/只是它藏得比较深，/需要我们去寻找和发现。"/于是那一节课，我就带着孩子们去户外/寻找秋天的证据。/我把全班分成13个小组，/每4个人为一组，/每个人都承担不同的角色，/有采集者、观察者、记录者和表述者等。/孩子们自己去寻找秋天的证据，/我就安静地做一个专职摄影师。/有一个女生找到了一片枯叶和一个新生的蘑菇，/高兴地跟我说："/老师，原来深圳的秋天既有生命的凋零，/也有生命的新生，好神奇。"/有一个男生找到了一片红叶，/兴奋地举给我看，/他说："/老师，原来深圳的秋天也是有红叶的，/只是它藏在草丛里，/不太容易被发现。"/有一个美术很好的女生，/她坐在台阶上，/安静地画校园里的那棵老榕树，/她说："/这棵榕树就是我心中秋天的样子。"/后来我们把秋天的证据带到教室里，/我问："/你们找到的这些物件/和秋天有什么联系？/通过今天的观察和感受，你们对秋天是不是有了新的认识和理解？"/孩子们互相讨论，/每个小组都分享了自己心中秋天的样子。/我说："/你们要展开自由的联想和想象，/我们可以通过思维导图进行思维发散/和聚焦/。"在接下来的写作中，起哄说深圳没有秋天的孩子/这样写道："/秋天不只是一个季节，/还是一段值得被尊重的时光。/我在草丛里发现了一只小螳螂，/它趴在一片树叶上，/身体呈起跳的趋势，/似乎只需轻轻一跃/就能进入下一个春天。"/ 你看，孩子的感受力其实很敏锐，/只是我们的教育者有时忘了把他们激活。/要是每一堂语文课都能这么上，/学习一定会更轻松、更有趣，/孩子的情感也会更丰富，/他们的感受力也会更敏锐。/但是理想很丰满，/现实很骨感。/当下的教育，无论是学校定位、社会舆论还是家长支持，/都直接指向升学率和考试分数。/我们面对教育的这些现状，/家长很焦虑，/学生很疲惫，/老师很纠结，/这就是现在的教育现状。/所以，我也在想，/我们作为教育者，/我们应该怎样去保护他们的感受力，/去培养他们的感受力？/

附录3　被试同声传译转写稿

被试1 EC

我感觉我的高中学生求知欲越来越弱，他们感觉要解决学习的更困难的问题会更难一些，而且也更难去解决他们的困惑。我经常在上学的第一天被问到的问题是凯得威尔老师能不能跟我讲讲我要做一些什么来获得A呢？当我听到这个问题的时候，我的心就一沉，之后我又意识到这样的一些学生，他做的事情实际上是他接受的培训或者教育所带来的，他们所接受的教育是更多地关注答案，而不是问题。我也意识到我同样也在接受某一种训练，我实际上也是这个系统里面的机器的一个齿轮，那么实际上我要更关注的是这个产品它的一个优质，而不是说更关注的是问题或者说提问的过程。所以我也决定要根本地改变我的一个教育的理念，那么同样也是为了学生好，也是为了我们整个系统好。那么我们现在的教育的体系依然在黑暗时代。那么尽管我们学校有很多重新的设计，那么我们的很多的教室或者我们的学生，他是被要求要吸收很大量的这样的一个知识，然后把这些知识反馈到他们的一个考试里面，那么很多的学生要一排排乖乖地坐着，要举手才能够表达他们的想法。我知道这些是因为我的教室或者我的课堂就是这样的，但是我突然也意识到，我实际上也只是在鼓励这些了解学校规则的学生，但是同样有一些非常有才华的，但是他并不擅长玩学校这个游戏的，或者说拒绝玩学校学习的游戏的，他们就会过得比较艰难。那么之后我也意识到富兰克林说的是对的，他说不要让学校教育影响真正的教育，我觉得他说的是对的。同样我也意识到我需要重新去设计我的教学的方式，因为我现在课堂里的学生，他的一个大脑的发展有可能与我30年前的学生大脑的发展是完全不一样的，那么这个也是在电子设备出现之前，技术实际上对于我们的专业教育来说也会带来一些前所未有的影响，那么很多的年轻人和他们的设备以及沉迷度，实际上也会很大程度上影响我们大脑的一个发展，会让他们更容易分心，更难去聚精会神，同样也更难去完成这个任务。最近关于智能手机和屏幕使用的研究表明，对于这些设备使用的时间过长，也有可能会带来年轻人的一些反社会的行为，以及更不愿意去参与政治、抑郁以及孤独。问任何一个高中的老师或者说年轻人的家长，他们会告诉你这样的一些批判性思维的敌人，或者说社交的敌人也就是屏幕。那么教育实际上是来自拉丁语 educare，也就是说要去提取或者说要在某一个事情诞生之时在场，那么我也开始想，如果说我跟学生说，那么这个是你所拥有的最重要的一个设备，那么这个是你每天每时每刻都需要把它点亮或者使用的设备，如果说我把我现在的这样的一个教育，基于我们现在对于大脑如何学习的研究上会怎么样？如果把我的教育聚焦在问题，而不是答案上会怎么样，如果说我尝试就是让学生去掌握学习会怎么样？苏格拉底相信教育实际上它应该是一个火焰的引火源，而不应该是要填充某一个物件，我想要让学生找到他自己的声音，发表他们自己的想法，所以我决定做一些完全不一样的事情。我把我的课堂交给学生，那么这个是我的课堂现在的样子，那么在我的课堂学生会坐在一个椭圆形的桌子里叫做倾听桌，那么在我们的倾听的讨论里面，那么这个学生他是主导沟通的，他们实际上会读一些非常难的这样的一些文章，然后会问问题，然后也会去解决我给他们提出的这些比较难的挑战，他们不会写下我说的内容，因为我不会主说，我有可能会坐在桌边，我可能会时不时地说一些东西，但是我不会去引导整个沟通，或者是我也不会把他们引导到我想要他们得到的答案上，那么他们是需要一起合作来找到这个意义，然后同样也来解决我给他们提出的这样的一个挑战。那么实际上也是基于我们是需要包容和鼓励所有的声音这一个理念上的，我也告诉我的学生说，没有一个人的力量能够比过团结的这样的一个智慧，那么我实际上我给他们展示这个数据，让学生不断地去讨论，以及来研究他们下一次的沟通可以做怎样的改善。

被试 1 CE

I increasingly feel that the loss of power of sensation of kids is a horrible thing. For every kid, during their growing up phase, they should be able to feel the world. So what does it mean by the power of sensation? Which means that they can use sensation voluntarily or to form any feeling or sensation by using the external object to be more frank is to let our heart be more tender, and to be touched or feel empathy by the world, by the human being. However, our kids' heart are difficult to be touched. For some kids, they can still feel curious to the world and feel and be kindness. However, so far for some kids, they will become more and more indifferent. We can just recall the news we've seen about the teenage homicide, which made us feel a sense of horror. As an educator. I sometimes think what happens to the education or what can I do? In recent years, because of the development of digitalization or intelligent and the loss of natural feeling, many kids are immersed into the virtual world. They cannot see the beautiful world. They cannot hear the birds singing or they cannot smell the flowers. Because the distance to the real world make them feel indifferent or cold. As a Chinese language teacher. I'm trying to create a new ecosystem for the Chinese language teaching. I call it scenario immersive study. I hope by using the reality or real scenario, I can help the development of the power of sensation. One time, I asked the kids to write an essay with the title of the autumn of Shenzhen. Some kids are saying, "sir, do you know that there is no autumn in Shenzhen? Have you heard there is only spring and summer in Shenzhen?" I said, "Of course, there is autumn in Shenzhen. It is hidden and it is our job to find them and discover them." At that class, I took the kids to the outside world to find evidence of autumn. I divided the whole class into 13 groups with four people in every group. And each one of them will become a different role as the the picker, observer, recorder or the narrator. And every kid will try their best to find the evidence of autumn. And I will become a professional photographer. There's a one girl who has found a dead leaf and also a mushroom. And who said to me very happily that I can see the death of a life in Shenzhen, but I can also see a living life. And also another boy found a red leaf and took it to me and said, I can see a red leaf in Shenzhen. But it is hidden in the grass and it's difficult to find. And also there was a one girl who is very good at drawing. And she was sitting on the steps and trying to paint the banyan in the campus, who said, this is how the autumn of Shenzhen looks like to me. And then I asked the kids to took the evidence of autumn in the classroom. And I said, "what is the relation between the things you find on the autumn. From today's observation and the feeling and experience, do you have more or different knowledge or understanding of autumn?" The kids are discussing and sharing by in groups of the autumn and the feeling of autumn. I'd ask them that you can free imagine and by using the mind map to actually to extend our mind and also to focus our mind. In the writing session, I remember the kid who said that there is no autumn in Shenzhen has wrote that autumn is not a season. It is still a time that should be treasured. I find the mantis in the grass who is lying on the leaf and in the position of ready to jump. It seems that just a one lip, it will took him to a new spring. You can see that the power of sensation of all these kids are quite sharp. It is sometimes that our educators forget to motivate the power of sensation. If every class will be like that, then the study will be more interesting. And the kids, the sensation of all these kids will be more sharp. However, the ideal world is much better than the reality. For the current education, whether is the position of the schools or the public opinions, and all their parents support are directed to the enrollment rate and dear grade. When facing the current status of education, parents are felt quite anxious, the students are felt fatigue and all their teachers are felt entangled. This is how our current education looks like. So I started to think, as an educator, how can we protect the power of a sensation of kids? And how can we train the power of sensation?

被试 2 EC

我觉得我的这些高中学生现在越来越少好奇心了，他们现在在进行一些比较艰难的学习任务的时候会感到很困难，并且他们现在和困惑进行斗争的时候也感到更艰难。在第一天开学的时候，我经常收到的问题是，凯特威尔女士你可以告诉我我怎么样能够得一个 A 吗？我听到这样的问题的时候，我的心就沉了下去。但是我也意识到这些学生他们做的事情是他们被训练做的事情，他们被训练做的事情就是他们要关注到答案，而不是问题，我也意识到我之前也是受到这样的训练，我也就是这个体制当中的一个小螺丝钉，我们更关注的是结果，更关注的是产品而不是过程。所以我做出了一个决定，我要比较激进地改变我的教学方式，这是为了我的学生好，但是也是为了我们的民主体系好。我们的整个教育体系还是被困在一个黑暗的世纪。虽然现在很多学校重新设计了他们的整个的课程，但是很多的学生他们还是被要求去吸收大量的信息，然后再把这些信息反馈到一些考试当中。很多学生他们举手回答问题，让他们的声音能够被听到，因为这就是我的教室里的学生所经历的事情，但是我也意识到其实很多的学生他们能做得好是因为他们了解学校的一些规则，但是还有些学生他们也有同样的才华，但是他们不愿意或者说不能够去同样地很好地利用学校的规则，所以他们做得就不太好。我觉得本杰明·富兰克林说的是对的，我们不能让学校的教育去毁了我们的整个真正的教育。很多我班级里的同学，很多的学生，他们的脑子现在的发展和 30 年前的学生是不一样的，因为之前没有电子产品，我们的科技现在可能给我们带来了很多的优势，也可能带来了很多的劣势，因为现在很多学生他可能沉迷于电子产品，所以他们的注意力更容易被分散，也让他们更难地去完成一些任务。最近的研究显示，对于电子产品的过度使用，可能会导致青少年的一些反社会的行为，可能会对政治生活的参与不关心，可能会带来抑郁，可能会带来孤独。你问任何一个青少年的家长或者是老师，他们都会说这些电子产品不利于孩子的一个批判性思维。教育这个词是来自拉丁词的 educare，它的意思是我们要从一个事情的根源进行学习，那么我就想到，如果我跟我的学生们说，这是你拥有的最重要的一个产品，你每天都要打开它每天都要使用，如果我把我的教学方式让它是基于整个脑子的运作，那么这样会怎样呢？如果我是把我整个的教学让它的基础放在这个问题上，而不是答案上，那会怎样呢？如果让学生们来积极地参与到学习，那会怎样呢？苏格拉底认为学习不是一个船只的装载，而是一个火焰的燃烧，我希望我的学生们能够找到自己的声音，所以我就决定做一些比较激进的选择，我决定把我的教室交给我的学生们，这是我的教室现在的样子。大家坐在一个椭圆的桌子的周围，在进行讨论的时候，可以看到我的学生他们是来主导整个讨论的过程，他们会阅读最原始的材料，他们提出问题，他们来进行困难的问题的解决，他们可能不会把我说的话全部都写下来，因为有时候我甚至都不说话，我也在这个桌子旁边，甚至有时候我会进行一些发言，但是我不是整个话题整个讨论的主宰者或者说是引领者，相反的我是让他们共同地学习，来让他们找到自己的解决方案。这就意味着学生的参与，所有的声音都能够参与进来。我经常和我的学生说，我们每一个人就算再聪明，也不会有大家加起来那么聪明。在我的学生进行发言的时候，我也追踪他们话题的走向，收集数据，并且我的这样的做法也有利于他们的下一次讨论更流畅地进行。

被试 2 CE

I feel more and more that it's a really scary thing that children are losing their sensibility. Every child, when they grow up, they need to feel the things that are happening around them. What is sensibility? It is the capability to use all your senses or use objects to feel things. To be more frank, we need the children to have a soft heart, and they will they'll be able to feel all the emotions and all the things that are happening around them. Unfortunately, the kids nowadays, it's more and more difficult for them to be touched. Some children still have that ability, but others, they're becoming more and more cold and distant. If we reflect on the teenager murder cases that happened in the past years, we will feel very shocked. As an educator myself, I also want to think about what happened to our education and what I can do to save it. In the past few years, because of the development of digital technology and the lack of natural experiences, a lot of our kids are addicted to the virtual world. They are not able to feel the nature. They are not able to smell the flowers. They are not able to engage in the natural world. They become senseless and they become distant. As a teacher who teaches Chinese, I also want to build a new ecology for education, and I call it immersive learning. I hope that based on a learning in real life, learning in natural scenarios will be able to help the kids develop more senses, more sensibility. I once asked the kids in my classroom to write an article about the season of autumn in Shenzhen. The kids said to me, there is no autumn in Shenzhen. We only have summer and winter, but I told them we actually do have autumn in Shenzhen. We just need to look for it. So during the time of that class, I took a trip with my class. I divided the class into 13 different groups of four. I asked the children to take on different, different jobs, such as collecting artifacts, recording down the things they found, and so on. So the children they were looking for evidence of autumn by themselves. I took a job. I acted as the photographer. A girl found a dead leaf and a small new mushroom. And she told me that there evidently there is lives, disappearing and new lives coming into the world, which is magical. And a boy found a maple leaf. And he told me that while there indeed is autumn in Shenzhen, it's just hidden, and we need to look for it. And a girl who is really good at drawing. She drew a picture, she drew a painting of a tree. She told me that the tree actually represented autumn. We brought all these evidence of autumn back to our classroom. And I asked them, what is the connection between these artifacts you found in autumn? And do you have new understanding of autumn in Shenzhen now? The kids, they had their discussions. They talked about how they understand autumn now. I actually also used Guide map to help them understand more about autumn in Shenzhen. And the child who told me that there is no autumn in Shenzhen. He or she wrote in the article that autumn is not just a season anymore. It's a time that we need to cherish. He found a praying mantis in the grass. And it seems that the prey mantis was ready to jump into spring anytime. So the kids are actually really sharp. They're very sharp minded, but sometimes we forget to stimulate them. We forget to activate their minds. As they learn in that sceneries, it will be easier for them to develop more sensibility. However, we still like that, whether the school, the schooling we have nowadays or the social media or the parents, everybody is asking for higher scores and better enrollment rate. And nobody really talks about the nature anymore. So the parents are anxious. The students are exhausted. The teachers are feeling confused. This is the education we have nowadays. So I often think nowadays, as educators, how can we preserve our children's sensibility? And how can we cultivate their sensibility?

被试 3 EC

　　觉得我的高中的学生变得越来越缺乏好奇心了，他们在做困难任务的时候会遇到很多挑战，他们要去应对一些困惑的情况，然后这种情况变得非常复杂困难。我记得新开学第一天的时候，我最常听到的问题是，Catwell 夫人能不能告诉我怎么才能拿到一个 A 成绩？当我听到这个话的时候，我心里一沉，但后来我意识到，这些学生只是在做他们被训练做的事情或被教育做的事情。他们被训练去专注答案，而不是问题本身，我也意识到我自己也在接受训练，我实际上是这个机器当中的一个小齿轮儿，而这个机器注重的是结果，而不是探究结果的过程，所以说我决定去彻底地改变我的教学实践，这是为了学生也是为了我们的民主。我们当前的教育体系仍然停留在一个黑暗的时代当中。尽管近些年来有些学校做出了一些改革的努力，但是很多的高中生在课堂上还是会被要求去做一些填鸭式的教学，去吸收沉淀大量的知识和信息，然后在考试当中去把这些信息复述出来。他们很多人坐在教室当中坐在一排举手才能发言，我知道这一点是因为我的课堂多年来一直都是这样的。我意识到我实际上在鼓励和奖励那些知道怎么去玩规则的学生，懂得规则的学生才能成功，但其他同样有才华的学生，他们不玩规则，他们拒绝这么做，这样的学生会受到不公平的待遇。后来我也意识到 Benjamin Franklin 他说了这样的一句话，让我非常赞同，他说永远不要让学校的教育去妨碍你的教育。我也意识到我必须重新设计我的教学实践，因为今时今日在我班上的学生，他们的大脑运作方式可能跟 30 年前电子设备发明之前的学生思维的方式和发育的方式是完全不可同日而语的。技术给我们教育行业确实带来了无数的好处，但是这些青少年对设备的沉迷可能会改变他们大脑的思维方式，让他们更容易去分心，更难去集中注意力，也不愿意去完成任务。一些最新的研究表明，青少年使用智能手机屏幕，长时间地使用这些设备，这些青少年可能会被促进做反社会行为，导致政治的一些脱节，导致抑郁和孤独。如果你去问任何一位高中老师或者任何一个青年家长，他们都会告诉你批判性思维的敌人、专注度的敌人和社交互动的敌人就是电子屏幕。教育这个词，它的拉丁词根是 educare，意味着引发或者是出现或者是处于诞生的节点，我开始思考这个问题，如果说我跟我的学生说，你的大脑是你最重要的一个设备，你的大脑需要每天全天候开启，如果说我把我的教学实验基于大脑运作方式和思维方式的最新研究会怎么样？如果说我基于问题，而不是答案为基础进行教学，如果说我能退后一步，让学生站出来参与到学习的混沌流程当中，那会变成什么样子？苏格拉底认为教育是点燃火焰，而不是填压的容器。我希望我能够在学生灵光一现的时候在现场，我希望学生们能找到自己的声音，因此我希望能够做一些比较激进的事情，所以我把我的课堂交还给了我的学生手中，这是我课堂现在的样子。在我的课堂当中，学生会围坐在一个叫 Harkness 的椭圆形的桌子周围，我们讨论的过程当中学生是主导这个对话，他们会读一些很具有挑战性的一手材料，他们会提出和回答最重要的问题，而且解决我所提出的困难挑战。他们在课堂当中不仅仅是记下我说的话，因为其实我不说话，我可能会坐在桌子旁边，我可能偶尔说几句话，但我不会主导对话，我也不会引导让学生们找到我认为是正确的答案。相反学生们需要共同努力构建问题的意义，同时从我所提出的挑战当中找出他们自己的结论。这是一种教学法，它是基于包容，基于尊重，鼓励所有声音。我常常跟我的学生说，我们当中没有任何一个人比其他人更聪明，学生们在沟通交流的时候，我会坐在旁边去追踪他们的对话和沟通，展示他们相关的数据，然后他们会去讨论如何改进他们下一次的对话。

被试 3 CE

I increasingly find the loss of children's sensitivity to be a profoundly dreadful matter. Every child should have as they grow up a sense of connection to the nature and the world. But what exactly is sensitivity? It is the ability to actively use feelings or be affected by external stimulus. Presumably, it is the capacity to soften our hearts, to be moved by nature, humanity, and emotions. However, in today's world, it is challenging to stir the hearts of our children. While some may maintain curiosity and kindness towards the world, many others are becoming increasingly aloof and indifferent. We just look back on some of those reasons. Kid homicides in the past few years shivers down our spines. As an educator, I contemplate what has happened to our education. What can I do. In recent years, due to the rise of digital technology and absence of nature, many of our kids are engrossed in a virtual world. They can't see the beauty of nature. They can't hear the chirping of the birds or smell the fragrances of flowers. The detachment from reality makes them insensitive and aloof. As a Chinese teacher or a teacher for Chinese. I'm striving to construct a new learning ecosystem for Chinese education. I call it immerse of learning through scenarios, or scenarios based immersive learning experience. I hope that by engaging in learning based in real life situations, their sensitivity can be appropriately nurtured. Once I task, one of my students with writing an essay titled autumn in Shenzhen, some students teased me saying that teacher, does autumn even exist in Shenzhen? Haven't you heard? Shenzhen only has spring and summer? I explained that autumn does exist in Shenzhen. It is hidden in plain sight. So I took the kids to explore outdoors to search for evidence of autumn. I divided the class into 13 small groups with four students in each group. Each assume different roles. Some of them are collectors. some of them are observers, recorders, and shearer, or presenters. The kids searched for evidence of autumn by themselves, while I quietly played a role of a dedicated photographer or camcorder. There was one girl found a dry leaf and a mushroom. And she joyfully told me, teacher, it turned out that autumn in Shenzhen involves both the withering and the rebirth of life, so magical and mythical. A boy found a red leaf. He was so excited. He showed it to me, saying teacher Shenzhen does have red leaves in autumn. They're just hitting a plain sight in grass and not easy to find. A talented art student sat on a step, quietly drawing the old tree on campus and saying this tree is how I envision autumn in Shenzhen in my heart. Later, we brought the evidence back to our classroom. And I asked them, how are these items related to autumn in Shenzhen? Through your today's observation and feelings, do you have a new understanding of autumn? The kids discussed among themselves and each group shared their vision of autumn. I encouraged them to engage in free association and imagination, skies, the limit. We use mind maps, mind notes to expand and focus our thoughts. In the subsequent sessions, the kid who initially doubted the existence of autumn in Shenzhen wrote, "autumn is not just a season, but a period worth cherishing. I'm in the bushes. I found a small praying mantis perched on a leaf, poised to jump. As if with a light leap, it could enter the next spring." You see, children are actually very sensitive. It's just that sometimes we educators forget to activate. If every Chinese class could be taught like this, learning will be so much easier and so much more enjoyable. Children's emotion will be richer and their sensitivity will be sharper. But the reality is always harsher than the ideals. When it comes to our current education, whether in schools, society, or parental support, all geared towards enrollment rates and exam scores. With these realities of the education, parents are anxious, students are exhausted and teachers are torn and conflicted. This is the education that we are facing right now. So I also think about as educators, how can we protect and nurture our kids' sensitivity?

被试 4 EC

在我看来，似乎我的高中学生们越来越缺乏好奇心了。他们遇到困难的学习任务就会非常的难受，如果说他们感到很困惑很挣扎的话，学习上就会有很大的困难。我第一天开学遇到的最多的问题就是 Catwell 夫人，我怎么才能获得一个 A 的成绩？那我听到这样的问题，我的心就沉了下去，但后来我意识到这些学生们要做的就是他们被训练做的事情，他们被训练要做的就是专注于答案而不是问题。这也让我意识到我也是接受了这样的训练，我就像是系统当中的一个齿轮，更注重的是产品，而不是整个探索的过程。所以我下定决心要彻底地改变我的教育实践，是为了我的学生们好，同时也是希望我们的民主体系可以更健康。我们现在的教育体系仍然是停留在黑暗的时代，尽管最近在学校的重新设计方面做出了很多的努力，但很多高中生他们仍然是要吸收大量的信息，并且在考试测验当中去重复这些信息，他们必须要坐成一排，要举手才能够去发言。我知道因为这些年我的教室当中一直都是这个样子的，但我也意识到我提高了很多学生，他们知道学校的规则是什么样子的，他们也很成功。但还有很多同样有天赋的学生，他们不知道学校的游戏规则是什么样子的，或者他们拒绝这样的规则，他们却受到了很大的痛苦。我觉得本杰明·富兰克林说得对，永远不要让学校教育阻碍了你的教育。我还意识到我要重新设计我的教育实践，因为现在我班上的学生，他们的大脑发育的方式可能是和30年前的学生完全不同的，30年前还没有电子设备，但是这样的技术对于我们的教育职业来说是有很大的促进，但是很多的孩子们沉迷于电子设备，有可能会改变他们大脑的运转方式，让他们很难去集中注意力，更容易被分散注意力，更不可能去完成任务。最近有关于智能手机和屏幕使用的研究，表明青少年长时间地去使用这样的电子设备，可能会加重他们的反社会行为，加重政治脱离，造成抑郁和孤独。如果说去问问高中老师或者是孩子们的家长，他们也会告诉你，对于批判性思维专注以及社交的互动来说，屏幕的使用是最大的障碍。教育是源自一个拉丁语词educare，意思是说要引出或者是当新东西诞生的时候在场，如果说我对学生说这是你所拥有最重要的设备，你需要全天候打开这个设备，如果说我的教育实践建立在关于大脑学习的这些最新的研究基础之上，如果说我的教学是建立在问题的基础之上，而不是答案，如果说我退后一步，让我的学生能够参与到学习当中，更多地互动到学习当中又会发生什么呢？苏格拉底认为教育是去点燃火苗，而不是去填满一个容器，我希望学生的想法诞生的时候我在场，我希望他们能够找到自己的声音，所以我要做一些更激进的事。我把教室交接给了学生，这就是我的教室的样子，在我的教室当中，孩子们坐在椭圆形的桌子旁边，它叫做克里斯桌，孩子们会主导讨论，他们会读一些非常困难的材料，并且他们会问出一些问题，他们会去解决一些我给他们提出的困难的挑战，他们不仅仅是记住我说的话，因为其实我也没有说什么，我可能就在桌子旁边，我有可能会时不时说些什么，但是我不会主导他们的讨论，也不会引导他们去找到答案。相反的是他们需要团队合作去找到意义，并且对我给他们提出的挑战，他们去得出自己的答案。那么教学法是很包容的，所有的声音都会被听到，都会得到鼓励。我经常对学生们说，没有谁比谁更聪明，学生们在讨论的时候，我也会去追踪他们的讨论，给他们展示一些数据，他们在进行进一步讨论的时候，他们也会探讨如何去改善下一次的讨论。

被试 4 CE

I feel more and more that children's losing their sensitivity is something very terrible. For each and every children, while they are growing up, they are supposed to feel about the world, feel about everything. But what is sensitivity or ability to feel? That means the ability to have feelings because of objects out there or to put it more straightforward, it means that the ability could make our inner heart softer so that we could be touched by the natural world out there. But nowadays, our children's heart could be really difficult to be touched. Some children can still be curious and kind about the whole world. But many children, they tend to be more indifferent. If we review a little bit on the murder cases done by the adolescents in recentyears, that really scares us. And as an educator, I've been thinking about what happened to education and what we can do about it. And in recent years, because of the rapid development of digital intelligence and children's lack of natural experience, many children are addicted to the virtual world and they could not see the beautiful flowers in spring or the moon in the autumn. They could not hear the birds or the insects, and they could not smell the fragrance of the flowers in the garden. And because they are alienated from the real outside world, they are becoming more and more insensitive and indifferent. And as a teacher teaching Chinese, I'm trying to build a new ecosystem of Chinese education and I call it a scene immersive learning and hopefully based on some learning activities, based on the real world scenes, their sensitivity could be properly improved. And once I let the students to write an essay with the title of autumn in Shenzhen, and some students just said that teacher, there is no autumn in Shenzhen. There is only spring and summer in Shenzhen. And I said, actually, there is autumn in Shenzhen. It's just hidden deep down, and we need to look for it, and we need to discover it ourselves. So at that class, I took the children to outdoors to find evidence of autumn. I divided the whole class into 13 groups with four people in each group. All of them played their respective roles, collectors, observers, recorders, and presenters, et cetera. These children went out to find evidence of autumn by themselves, and I stayed there very quietly. And I play the role of a photographer. One of the girls. She found a dead leaf and new mushroom, and she was very happy, telling me that teacher, it turned out that in Shenzhen, in the autumn, you would see lives, dying and also new birth of lives. And that's amazing. And also another boy found a red leaf and he was very excited about it. And he said, teacher, it turned out that in Shenzhen, in autumn, there's also red leaf. It's just they're hidden in the grass and really difficult to find them. And also another girl very good at drawing. She was just there drawing an old Bayan tree. And she told me that the Bayan tree was how autumn was supposed to look like in Shenzhen. And we then brought all the evidence back into the classroom. And I ask them questions about the connection between these objects and the autumn in Shenzhen, and with today's observation and feelings, do you have new understandings of autumn? And the children have discussions and each group shared with the rest of the class what autumn look like in their mind. And I said, use your imagination and we can also use the mind maps to help you focus on your thoughts and also to have more related thoughts. In the following writing, the children who said there was no autumn in Shenzhen just wrote like this, they wrote that autumn was not just a season, it was also a period of time worthy of our respect. I found also a small mantis in the grass and it was just lying on a leaf, and it seems it only needed to jump very lightly to enter into the next spring. So you could see that the children could have very, very smart sensitivity. It's just sometimes the educators neglected how to stimulate their sensitivity. And if all the Chinese classes could be done like this, learning must be very interesting, and children will have richer emotions, and they will have better sensitivity. But actually the reality turned out to be very cruel because education currently from the perspectives of schools, from social public opinions and from parents. They're all about exam scores and with these current situation in the educational world, parents feel very anxious and teachers and students are all very tired and they don't know what to do. So this is the education we have today. So I think as educators, we need to protect children's sensitivity, to cultivate their sensitivity.

被试 5 EC

在我看来，高中学生变得好像不是那么有好奇心了，他们好像就是在非常艰难的学习任务中度过艰难的时光，所以说他们这段时光非常艰难，让他们困惑。开学第一天经常有孩子们问我，我怎么样做才能得到 A？我听到这样的信息的时候，我的心就感觉特别不舒服。因为我意识到这些学生他们正在被训练要做的事情是被训练成正确答案，而不是问题。我突然意识到我也在接受训练，就是说重视的不是过程，这个系统它重视的不是过程，所以说我就做了一个决策一个决定，我要改变我的教学的方式，这是真正为了我的孩子们好，而且我想这才是民主的目的。我们的教育系统还在黑暗中摸索，尽管最近学校设计了一些新的方案，但许多高中生在课堂上要求去吸收大量的信息，然后在考试中要去反馈这种信息，所以说很多人他们坐成一排，就是要举手，要让他们的声音能够被听到，我们多年来就是这么教学的，但是这样是对的吗？我觉得不一定。我突然意识到，其实我们是在提拔，如何知道怎么去玩，学校里是做游戏的，这些学生他们就知道怎么考试，他们就成功了。但是有天赋的学生可能不知道如何完成学习，他们可能就没有那么吃香了，比如说本杰明·富兰克林，他说永远不要让学校教育妨碍你的教育。所以说我觉得为什么我要重新设置我的教育，因为今天我们班上的学生，他的大脑的这种发展的模式和30年前其实已经很不一样了，因为电子设备各种信息的发明，给我们的技术给我们的教育带来很多的好处和注意，但是如果青少年过度沉迷于电子设备，会极大改变的就是他们大脑的思维模式方式，他们可能会变得更加容易分心，对吧？注意力不太集中，完成任务的能力减小。所以说很多这种研究也发现使用这些电子设备，可能会促进一些反社会的行为，会导致他们在政治上一种拖累的感觉，以及抑郁和这种孤独。甚至可以问问一些高中老师或者一些父母，他们会告诉你我们就是要培养批判性思维，专注社交，但是最大的点是什么？是屏幕。教育的本意是在出生时或确实在出生时候要把它给拽出来，这样的一种思维就是我要去思考如果对我的孩子说，你每天所拥有这样的设备是你每天要打开的，那么我想我的教学其实它的核心在于在大脑如何学习的这件事情上去研究这个事情，也就是如果需要去学，是以问题而不是以答案为核心的，也就是我要让我的学生站起来，也就是说让学生们去学会思考。就像苏格拉底认为教育是要能够点燃人们心中的火焰，而不是去填压。所以说我想这非常重要，就是让我的学生们要找到自己的声音和想法，所以我做了一些改变，就是把我的教室交给我的学生，这是我的教室目前的状态。大家可以看到在教室里面，孩子们坐在这个桌子旁边，然后他们参与一些讨论，学生们、孩子们去推动对话和讨论，他们会阅读一些很艰深的资料，然后他们要提出问题、回答问题，然后他们是可以去共同解决目前面临的这种困难的挑战。他们不仅仅只是喜欢我说的话，因为我没有在教书，我可能反而是坐在桌边去观察他们、了解他们，而且我可能有时候会说些话，但是不是去引导他们的对话，而是相反的，所以说孩子们是在共同努力来找到他们想要的答案，然后去面对挑战，得出自己的结论。所以说这样的一种教学方法是一种包容的教学方法，所有声音都能得到重视和鼓励。所以说我会在孩子们谈话的时候坐下来去了解他们谈话的内容，然后给他们展示这些数据，然后他们讨论这些数据的时候就会讨论如何去改进下一次的对话。

被试 5 CE

I feel more and more that the loss of children's sensitivity is something terrible. Every child in the process of growing up, he or she should have the feeling of all things in the world. So what exactly sensitivity? The ability to actively use, feeling or to feel. Because of objects or to put it more bluntly, it is to make our hearts softer to ability, to touch the nature of the heaven and earth. But now our children's hearts are really hard to be touched. Some children may be able to keep their curiosity and kindness to the world, but many children will become more and more indifferent. If you look back a little bit at the junior homicides in recent years, we will feel a chill as an educator. I'm also thinking about what happened to education, exactly what I can do something to that? In recent years, due to the development of their digital Intelligence and lack of nature experience. Many of children are addicted to the virtual world. They could not see the the spring flowers and the autumn moon and hear sound of the bird and all the insects, and or smell the flowers in the garden. And their radiation from the real world makes them indifferent. So as Chinese teacher, I'm also trying to build a new Chinese education ecology, which I called scene immersion learning. I hope that through the learning based on realistic scenarios, their sensitivity can be developed as it should be. Once upon a time, I ask my students to write a composition. And the theme is autumn in Shenzhen. Someone of my students said, how could you say there is autumn in Shenzhen? You heard that there are only spring and summer in Shenzhen? I said, in fact, Shenzhen also has autumn, but it's just hidden deeper. We need to find it and discover it. So in in that class. I took the children outdoors. And we look for evidence of autumn. I divide them into 13 groups each with four people in the group, and each with a different roles of their collectors, observers, record recorders, and narrators, and so on. And then children will look for the evidence of autumn by themselves. So I would be a professional photographer quietly. There was girl who found a dead leaf and new mushroom and said that teacher, it turned out that the autumn in Shenzhen has both the withering life and also rebirth of life. It's amazing. A boy found a red leaf and shouted it to me, exactly. He said the teacher there are red leaves in autumn in Shenzhen. It's just that he's hiding in the grass and he's not easy to find. There was a girl who was very good at art.

She sat on the step and quietly paint old tree in the campus. He said that this is the tree that would in the autumn looks like in my heart. Later, we brought the evidence on the classroom. We said that what is the connection between this object found and autumn? Through today's observation, do you have a new feeling of standing with autumn? The children discuss with each other about it. And each group share their understanding item. I said it that you just use your free mind to look at it and Free association imagination. And even you could use the mind mapping for diverge and focus on thinking. So in the form of writing, the children are looking at that, even the children said there is no autumn in the Shenzhen said autumn is not only season, but also their time could be treasured. He said he found a small mantis in the grass. It was lying on a leaf and it was a body was jumping. It seems that is only need a slight jump. You see, the children's sensitivity is actually very keen. It's just maybe our educators sometimes forget to activate them. If every Chinese class can be taught like this, so learning will be easier and more interesting and children's emotion will be ritual and they will be more accurate. But how the idea is very lump, the reality is with skeleton. The current education, whether it is in the society or for the parents, they only care about enrollment rate and test scores. We are facing the current situation of education. Parents are very anxious, students are retired, and also teachers are very confused sometimes. So this is education now. The current situation. So I'm thinking about as education now what we could do to protect our students sensitivity and how should we cultivate their sensitivity?

被试 6 EC

在我看来，我们现在高中生其实没有那么多的好奇心，他们似乎觉得完成学习任务更加的艰巨，他们有时需要与困惑感斗争。开学第一天我收到的最多的问题就是老师您能告诉我怎样才能拿到优秀的成绩吗？一听到这个问题，我就会意识到这些学生在被训练去做他们该做的事情。他们接受的训练是专注于找到答案，而不是发现问题，我发现原来我其实也在接受这样的训练，我也只是这一个巨大的系统中的一环。教育重视的是产品，而不是探索的过程，所以我决定我应该调整我的教学实践，是为了孩子们好，也是为了我们的教育制度好。因为我们目前的教育制度仍然停留在黑暗的时代，尽管我已经努力地对学校的课堂进行重新设计，但很多高中生仍然被要求记大量的知识点，然后在考试中背出来。很多学生不得不坐前排，然后被要求举手发言。我发现原来很多年来我们的课堂就是这个样子的，我才恍然大悟，原来以前我在选拔那些懂得如何让成绩变得好的学生时就是这样做的。原来他们同样是有天赋的学生，但是却不知道应该怎么样，成绩变得更好。后来我才发现就像是本杰明·富兰克林说的，永远不要让学校教育妨碍你的教育，我觉得这是对的。我还发现我必须重新设计我的教学，因为今天我班上的学生大脑发育可能和30年前完全不一样了，因为在此之前电子设备没有这么发达过，然而青少年如果沉迷于电子游戏，可能会改变他们的大脑发育方式，他们可能容易分心。他们可能没有那么容易集中注意力，没有那么容易能够完成任务。最新的研究表明，如果青少年更加长久地使用这些设备，可能会让他们更加容易出现反社会的行为，可能更加会产生抑郁和孤独感。他们会告诉你，其实专注参与社交的敌人就是玩游戏，也就是沉迷于屏。教育这个词其实源于拉丁语，意思是诞生，意思是引导。我开始思考，如果我对学生们说最重要的设备其实就是引导。如果我把我的教学实践建立在大脑运行的基础上，如果我的教学更注重于问题而不是答案，如果我退后一步，让我的学生自主学习，自主参与到学习过程当中。苏格拉底认为教育其实是点燃火焰，而不是去填满一个容器，也就是授人以渔，而不是授人以鱼。我希望能够见证学生自己思维的诞生，能够倾听他们自己的思想的声音。所以我做了这样的改变，就是我把课堂交给了学生，现在在我的课堂上学生们会好好地坐在一张椭圆形桌子旁玩一个游戏。在这样的一个游戏任务中，学生们是主导对话的，他们读原始材料，他们提出、回答问题，他们解决我提出的难题，也许不需要记下我说的话，因为我没有说话。我可能会坐在桌边，也许我会说上几句话，但是我并不引导课堂，我也不会引导他们找到我需要他们找到的答案。但是我希望他们能够提出问题，并且从难题中找到自己的答案。这种教学其实是很包容的，所有学生的声音都是受到鼓励的，我经常对我的学生说，其实没有一个人比另外的人聪明，而且在学生们交流的时候，我说我就记录大家的对话，我向他们展示数据，然后他们谈论这些数据，并且讨论如何改进下一次的讨论。

被试 6 CE

I feel more and more that children have lost a sense of feeling and it is a terrible thing. In the process of growing up, a child may have a feeling for heaven and earth. But what exactly is a sense of feeling? It isa ability to generate feelings because of objects. To put it more clearly, it is an ability to make our hearts softer and to touch the earth, the sky and the nature, and to feel the warmth of the humanity. Nowadays, it is difficult for us to touch the hearts of our children. Some of them may be able to maintain that kind of curiosity, and many of them may become more indifferent. Let's look back a little bit. Some teenagers are involved in the accidents of homicides. What have happened recently to us in our education? What can we do about it. In recent years, due to the development of digital intelligence and the lack of natural experience, many of our children are addicted to the virtual world. They cannot see the spring flowers, the autumn, the moon and cannot hear the birds and insects. Because they are alienated from the real world. They are more likely to become indifferent. As a Chinese teacher, I'm trying to build a new language education ecology. I hope that through real life, learning experiences, students can develop this kind of sensibility. One day, I asked students to write a composition about the subject of the autumn of Shenzhen. Some people said that mister, there was no autumn in Shenzhen. I said, in fact, Shenzhen also both has autumn, but it hit deeper inside. We need to find and discover it. So after that lesson, I took the children to go outdoors to look for evidences of autumn. I divided the class into 13 groups, and each person were given a role. They were collectors, observers, and recorders. Children would have to find evidences of autumn themselves. I acted as a photographer. One girl found a dead leaf and a mushroom and happily said to me, mister, there was both withering and full bloom of moon in Shenzhen, in the autumn. It was so amazing. A boy found the red leaves and shouted out that mister, there were red leaves in Shenzhen in the autumn, but they were not easily to be found. They were hidden in the grass. There was a girl who sat silently and he drew a tree in the campus. She said that it was what autumn looked like. Later, we brought the evidence to the classroom and I said, what were the connections between these objects you have found in autumn? And have you gained any new knowledge and understanding of autumn in Shenzhen? I guess that each and every person had an understanding of autumn in their own mind, I believe that we can use mind map to focus our thinking. So in the writing lectures later, the children who said there was no autumn in Shenzhen wrote in this way. He said that autumn is not just a season, it is a time that should be honored. I found a small live in the bush. And it seems that with this one slight leap, you can enter the next spring. You can see that every children has the sensibility inside themselves, but our educators need to do something to activate them. By doing so, children's emotions will be richer, their sensibilities will be more keen, but the ideal is actually rich, but the reality is not rich. So that's rich nowadays, whether it is the positioning of the school social opinion or the opinions from the parents, education is task oriented. Parents are anxious, students are tired and teachers are also miserable. That is the status quo of the education. Now, so I'm wondering sure as educators, how can we protect the sensibility and cultivate students' sensibility?

被试 7 EC

在我看来好像我的高中学生们没有那么强的好奇心了，他们更难去解决学习当中比较难的任务，也很难去和自己的困惑做斗争。在开学第一天我最常被问的问题就是 Catwell 女士，你可以告诉我怎么才能拿到 A 吗？我听到这个问题的时候，我的心里一沉，然后我意识到这些学生所做的其实只是他们被训练如此。他们受到的训练是关注答案而不是问题。然后我又意识到我也是这样被训练的。我被困在这样的系统里，这样的体系会把最高优先级放在产出上，而不是这个探寻的过程，所以我决定我要彻底改变我的教学方法，也是为了我的学生好，也是为了我们民主的健康。我们现在的教育体系仍然被困在黑暗年代当中。尽管最近已经有一些学校做出了改革，但还有很多高中生在教室里被要求去吸收大量的知识，然后再去参加考试，他们很多人必须要坐成列，然后举手才能发出自己的声音。我知道，因为我的高中就是这样的，但我又意识到我正在鼓励那些知道、了解学校游戏规则的人，他们成功了，还有一些没有那些才能但同样有才能的学生，他们可能不了解或者不想要了解学校的游戏规则，就会面临很多困难和挣扎。所以我就意识到本杰明说的是对的，不要让学校成为教育的绊脚石。我也意识到我必须要重新设计我的教学方法，因为学生们的大脑发展的方式是与 30 年前学生的大脑运转方式非常不一样的。因为现在有了电子设备，技术对我们的专业教育来说会带来许多好处，但是青少年对电子设备上瘾，这也明显改变了他们大脑去运转和连接的方式，他们更容易分心，更不容易集中注意力，也更难去完成学习当中的困难任务。最近对智能手机和屏幕使用的研究发现，青少年们使用的时间越来越长，可能会促生反社会行为，减少政治生活参与，导致抑郁和孤独感，你可以问任何一个高中生或者高中老师或者学生家长，他们会告诉你批判性思维的敌人，就是社交互动的敌人，就是屏幕。教育来自拉丁文单词 educare，意思是提取或者意识到某些事物的产生、出现。我开始认为如果我对我的学生说，这是你们用的最重要的设备，你们需要全天候每天都开着它，会怎么样？如果我把我的教学植根在最近对大脑的研究当中又会怎么样？如果我把我的教学植根在问题而非答案中呢？如果我退一步让我的学生们站出来做主，并且参与到他们自己的学习当中又如何呢？苏格拉底认为教育是燃起火焰，而不是去填充这些船舱。我想要看到学生们拥有他们自己的想法，我希望他们发出自己的声音，所以我决定要做一个大胆的举动。我把教室移交给我的学生们，这是我现在的教室的样子，在我的教室里，他们坐在一个椭圆桌的一圈，然后他们可以互相进行讨论，他们自己去促成带领对话，他们自己去决定这些资料来源，他们可以问许多问题，然后他们还可以解决我提出的许多挑战和困难。他们不是在记下我说的话，因为我其实并没有怎么说话，我确实坐在桌子旁，但是也会偶尔说一两句，但我并不会去引导这个对话的进行，我想让他们自己去找到答案，他们需要自己去合作，去找到这些意义，并且得出自己的结论，然后再解决我提出的困难和挑战。这样的教学方法是植根于包含各种各样的声音，因为它们都同样重要，我告诉学生们每一个人单独的智慧都不如集体的智慧。在他们讨论的时候，我看到他们去进行这些对话，然后我也给他们展示了一些数据，我还告诉他们如何能够改善他们接下来其他的一些对话。

被试 7 CE

I think it's more and more true that the loss of children's sensibility is a very terrible thing. Each child during his or her growth should have feelings for everything in the world. So what is sensibility? It is to actively use the feelings or to generate feelings over objects, the ability to make our hearts softer, and for the world, for nature, for people, for relationships, we can be touched. But now children's hearts are quite hard to be touched. Some children can keep their curiosity and kindness to the world, but many other children are becoming more indifferent. Let's have a look back over the murder case is committed by teenagers. In recent years as an educator, I am also thinking what happened to education and what can I do? In recent years due to the development of digital intelligence and the loss of experience in nature, many of our children indulge themselves in the virtual world. They cannot see the sceneries, they cannot hear the voices in nature. They cannot smell the fragrance of flowers. Because of alienation from the world, they are becoming senseless and indifferent. As a Chinese teacher, I tried to build a new Chinese pedagogical ecosystem. I call it a situation-based immersive learning, and I hope that through some reality based learning, we can develop their sensibility. One time I assigned a composition to mystudents themed autumn in Shenzhen, a student didn't buy it. He said, Shenzhen doesn't have autumn at all. It only has spring and summer. I said, actually, Shenzhen also has autumn, but it's hidden deeply, and we need to find and discover it. During that class, I took my students outdoors to find proofs for autumn. I divided them into 13 groups, four in each group with different roles. They were collectors, observers, recorders, and presenters. And they tried to find the proof of autumn themselves. While we just sat there being the photographer, a girl found a withered leaf and the newborn mushroom and said to me that so in Shenzhen, we do have the end and gain of life in autumn, in Shenzhen. A boy found a red leaf and showed it to me saying that in Shenzhen, in autumn may also has red leaves, but they are hidden in the bushes hard to be find. A girl good at art, sat on the steps and draw pictures for the old figures on campus. She said it is what autumn looks like to me. And later, we took the proof of autumn back to the classroom, and I said, what are the associations between these objects and autumn? Through observation and your feelings, do you have new understanding and knowledge of autumn? They discussed with each other and each group shared what autumn looks like to them. I said, you can use your imagination freely, and we can also use mind map to spread our thoughts and also to focus on certain points. In later composition. The boy who didn't believe about autumn in Shenzhen wrote that autumn is not only a season, it is also a precious period of time. In the bushes, I found this insect crawling on the leaf ready to jump. It seems that just with a leap, he can jumped into next spring. They do have agile sensibility. It's just that educators sometimes for get to activate it. With such Chinese classes, learning will be more interesting, and they can have richer feelings as well as more accurate senses. My thoughts are hard to be implemented. No matter it's the positioning of schools, public opinions, or the parents ideas, all lead to exams and marks. And facing such status quo of education, parents are anxious, students are tired, and teachers are also confused. That is the current education system. So I now think that as such educators, how should us protect their sensibility and also to develop their sensibility?

被试 8 EC

　　我发现我教的那些高中学生，他们好像越来越没有好奇心了。而且他们在学习的时候遇到的困难也越来越多，尤其是当他们心里面有困惑的时候。第一天开学的时候，我听到的最多的问题就是卡迪威尔女士，你能告诉我我要怎么样做才能够考到 A 吗？我当时听到那个问题，我的心一下就沉下来了，但我意识到那些学生他们是被培养成这个样子的，他们从小的教育就是让他们去寻找答案，而不是问题。然后我意识到我也是被培养成这个样子的，我被困在了现在的系统里面。那么我就做了一个决定，我要完全改变我的教学方式，不只是为了我的学生，也为了我们国家民主制度更加健康。我们现在的教育系统还停留在黑暗时代，虽然说最近很多学校都重新进行改革了，但是现在很多学生他们的上学模式还是被要求学习非常多的知识，然后再带着那些知识去考试。在课堂上他们被要求举手来回答他们的问题，这个场景我再熟悉不过了，因为我的课堂很多年来一直都是这样。那么它就让我意识到我是帮助了很多擅长玩这场游戏的学生，帮助他们成功了，但是还有很多其他学生跟那些学生一样的有天赋，或者是他们不愿意玩这场游戏，他们的运气就没那么好了。所以我就觉得本杰克·富兰克林他说的是对的，不能让学校阻碍了我们获得教育。还有一个原因是我觉得现在的学生的大脑跟我之前 30 年前的学生的大脑已经完全不一样了，因为那个时候还没有任何的电子设备。科技毫无疑问是给我们的教学带来了非常多的好处，但是它也给学生带来了很多的坏处，让他们成瘾。我觉得它甚至可能改变了我们学生的大脑，因为他们现在非常容易分心，很难专心，而且要完成一样任务非常的难。最近有一项研究，这个研究显示了如果青少年长时间使用手机或者是网络的话，会增加他们的反社会行为的风险，然后可能会导致抑郁、孤单等。你可以问任何一个高中教师或者是青少年的家长，他们都会告诉你批判性思考，还有一些很好的优良品质，它的最大的敌人就是电子屏幕。教育 education 这个词是来自一个拉丁词语。那么我就开始想了，如果说万一我跟我学生，要是我跟我学生说，这就是你最重要的一个设备，它是你需要全天都把它打开的，或者说要是我把我的教学方式，基于最近研究所表明的学生的大脑运作的方式，或者说我允许我的学生他们完全发挥自主来学习。苏格拉底认为教育是点燃一根蜡烛，而不是填满一个容器。我想要见证我的学生们有各种各样的想法，让他们可以表达自己各种各样的想法。所以说我做了一件很大胆的事情，我把我的课堂还给了我的学生。我的课堂现在就是这样的，我的学生们围在一个椭圆形的桌子坐着。他们会自主地在我给他们的材料里面找到问题，然后再去讨论，再去找到答案。他们不知道我的想法，因为我在这个过程当中是隐形的，虽然我有时候可能会发表一两句想法，但是大多数时间我是不说话的，我觉得学生他们就应该发挥自己的自主学习的能力去寻找他们心里面的答案。这个系统它就是基于一个信念上的信念，就是每个人的想法都很重要，我经常跟我的学生说，众人拾柴火焰才高。

被试 8 CE

I have come to think that the loss of sensibility in children is dreadful. Every child while growing up, they have the sense for everything in the world. What exactly is sensibility? It is the ability to utilise their perception or be able to produce, to have perception. To put it more straightforward, it makes us softer. We are gonna be more in tune with the nature and humanity. But nowadays, the hearts of children are very difficult to be touched. Some of them remain curious and kind towards the world. But some of them have become more and more indifferent. Let's look back on the homicide cases among teenagers in recent years. It's very chilling. As an educator, I ponder what has happened to education and what can I do? Recent years with the development of technology and the loss of the touch of nature, more and more children are out of touch with the real world. They neglect the beauty of snow and birds and flowers. It has rendered them indifferent. As a Chinese teacher, I have built a new system about learning. I call it scenario-immersive study. I wish through that system, it can improve their sensibility. One time I asked my students to write an article, the autumn of Shenzhen, and one of the kids was trying to be funny and said to me, there is no autumn in Shenzhen. There is only spring and summer. So I told them there indeed is autumn in Shenzhen, but it's very well hidden. So it's gonna be upon us to look for it. In that class, I took them on the field trip to look for evidence of autumn. I divided them into groups of four people. They each had different responsibilities like gatherer, observer, and presenter. So they were on their own to look for the evidence of autumn. And I was being a photographer. One of the girls has found a decayed leaf and a newly grown mushroom. She was so excited and tell me that it is so magical that the autumn Shenzhen is so magical. And one of the boys have found a red leaf and also told me that he did not know there is red leaf in Shenzhen in autumn that it was hidden in grass. So it's gonna and there was also one very artsy girl. She was just sitting there silently and drawing the picture of an old tree. And she said the old tree is how she imagined autumn would be. Then we got back to the classroom and with all the stuff they found. I asked me about the link between the stuff they find and autumn if they had a new understanding of autumn. The students were having exchanges immediately. They were talking about autumn. So I told them they need to be brainstorming. We can even use mind maps. When they were writing this article, kid who said there is no autumn in Shenzhen. He wrote that autumn is not only a season. It was a time to be cherished. I found a small mantis on the leaf. It was ready to jump as if it only takes a small jump for him to go from autumn to spring. It's obvious that children are actually very perceptive, but as educators, sometimes we're not mindful enough about it. If every Chinese class could be like this, their study is gonna be so much more interesting and their sensibility is gonna be improved so much, but things don't always go the way we want them to. Education right now is all about what schools they go to and their scores in parents and schools. So when we are faced with this, parents are anxious, students are worn out, and teachers are agitated. This is education how it is right now. So sometimes I think to myself as educators, how should we protect their sensibility as well as cultivate their sensibility?

被试 9 EC

似乎我的高中的学生们变得越来越不好奇了，他们在面对学习任务的时候好像有更多的困难，同时在面对困惑的时候也有更多的困难。我在第一课上经常被问的问题就是 Catwell 老师可以告诉我做什么才能得到 A 吗？当我听到这个问题的时候，我的心就会沉下去，但我意识到这些学生们只是在做他们被训练要做的事，也就是关注答案而不是问题。我也意识到我也受到了这样的训练，我是这个体系当中的一部分。这个体系关注产出，而不是问题的过程。所以我做了一个决定，我想要大刀阔斧地改革我的教学方法，为了我的学生们，也是为了我们民主的健康。我们现在的教育体系还是在一个黑暗时期。尽管我们做了一些改革，很多的高中的学生们他们坐在教室里被要求吸收知识，然后在考试中有好的成绩，他们需要坐得整整齐齐举手才能表达自己的观点。我知道这个事情是这样，是因为我的课堂长久以来也是这样。但是我明白我是在鼓励那些会玩学校游戏的学生们，这样他们就会成功，那些拥有同样天赋的孩子，或者是不知道如何玩学校这个游戏的人，或者不愿意玩这个游戏的学生们，他们会感到很痛苦。然后我就明白本杰明·富兰克林是对的，不要让上学耽误了教育。我也明白我需要重新设计我的教学。我现在教的孩子们的大脑可能与我 30 年前教的学生的大脑是完全不一样的，也就是在电子产品被发明之前的那些大脑。技术给教育带来了数不清的好处，但是青少年对于这些电子设备的上瘾程度可能正在极大地改变他们大脑的思考方式，让他们更不容易集中注意，也更不容易完成任务。近期的研究发现，电子设备和电子屏幕使用时间的增长，可能会促进反社会行为，让他们对政治漠不关心，同时更抑郁和孤独。如果你问高中老师或者是青少年的家长，他们就会告诉你批判思维的敌人，注意力的敌人和社会参与程度的敌人就是屏幕使用时间。教育的词根是拉丁词 educare，意思是在事物的发生一开始就要存在和在场。我在想如果我告诉我的学生们，你的电子设备就是你最重要的一件东西，你必须每一天都把它打开。如果我将我的教学方法根植于近期的研究，根植于问题而不是答案，如果我这么做的话，如果我后退一步，让我的学生们参与到复杂的学习过程当中。就像苏格拉底说的那样，教育是点燃火苗，而不是灌满一个水瓶。我想让我的学生产生思想的时候，我也在场，让他们听到自己的声音。所以我想做一件大胆的事，也就是把我的课堂交给我的学生们。这是我的教室现在的样子，在我的教室里，我们坐在圆桌四周，在圆桌讨论的时候，学生们会引导整个对话，他们会重新组织一些资源，他们会问一些重点问题，并且解决那些我给他们的一些困难问题，他们可能没有记下来我在说什么，因为我并没有在说话。我可能坐在圆桌的旁边，我也会偶尔地说话，但我不会主导讨论，我也不会引导他们找到我想要的答案。他们需要合作，构建意义，得出结论，得出一个问题的答案。这种教学法是根植于包容性，也就是所有的声音都是被尊重和鼓励的。我告诉我的学生们，一个人的智慧肯定不如一群人的智慧，在我的学生们说话的时候，我会记录他们的这些讨论，然后我们会讨论他们可以如何促进他们在下一次的讨论中进步。

被试 9 CE

I'm gradually feeling that the loss of sensibilities of our kid is a hazard. Each kid during the development must have feelings towards the world around them.

Then what is sensibility? It is the ability to use their senses actively or to have feelings because of an object. To be frank, it is a ability to make our heart soft and to have feelings towards the nature and emotions. But right now, the heart of a kid is very difficult to be touched. Some kids might be kind and curious. But some kids have become more and more cold-hearted and indifferent. Shall we look at the cases committed the homicide cases committed by juveniles in recent years? It is rather scary. As an educator, I'm thinking what has happened to our education? And what can I do? In recent years, because of the development of digital Intelligence and the lack of natural experience, many of our kids immerse himself in virtual world. They can't see the seasons changing. They can't hear the insect singing. They can't smell the aroma of flowers, because they have grown distance to the reality. They have become cold-hearted and indifferent. As a Chinese teacher, I am trying to build a new Chinese teaching ecology. I call it the scenario-immersive learning. I wanted to develop the sensibility using the reality. I once gave them a task to write a composition about the autumn in Shenzhen. One of my students said that, haven't you heard, sir? There is no autumn in Shenzhen. There is only spring and summer. And I said there is actually autumn, but it is hidden. We need to go and look for it. I brought my students outdoor to look for the evidence of autumn. I divided them into 13 groups at four. Each of them have a different role. We have collectors, observers, documents, and presenters. And my students went on to look for evidence of autumn. And I was the photographer. One little girl found a dry leaf and a fresh mushroom and told me happily, sir, there's actually both deaths and life in the autumn of Shenzhen. It's really interesting. And one little boy found a piece of red leaf and showed me excitedly that there is actually a red leaf in the autumn Shenzhen, but it is hidden in the bush. And it's very difficult to be found. And one of our little girl who is a good painter, she sat there quietly and drew the banyan tree on our campus and told me that this is what she saw as

199

autumn. And we brought the evidence back to our classroom. I asked them, "what is the connection between the object you found and the season autumn? Have you understand more of the season autumn through today's activity?" Each group shared their opinion of autumn. I asked them to use their imagination and I asked them to use mind maps, to focus their mind. And when writing the composition, the kid that said there is no autumn in Shenzhen write Autumn is not just a season, but also a period of time to be cherished. I found a little mantis in the bushes. It was lying on a leaf, ready to hop into the next spring. You see, our kids are rather sensitive. It is just sometimes the educators needs to activate it. I believe the learning would be more relaxing and interesting if we could teach our lessons in this kind of way. Our kid will definitely become more sensitive. It is only wishful thinking. Right now, our education, the school, the society, and the parents, focus on enrollment rate and testing scores. When facing situations like this, parents are anxious and students are tiring, and the teachers are struggling. This is the education that we're looking right now. So I am thinking as educators, how could we protect their sensitivity and cultivate their sensibility?

被试 10 EC

似乎对我来说我的高中学生变得越来越没有好奇心了，他们很难去解决学习的难题，特别是对于一些充满困惑的问题。在学校第一天我接到最多的问题就是，老师可以告诉我要拿到 A 该做些什么吗？我听到这个话的时候，我心里突然沉了下来，我后来发现他们其实只是被训练去做事情，训练去专注于答案，而不是过程。我也突然发现我也是被训练的一员，我被困在了这个系统当中，我注重的是结果，询问的是结果而不是过程，于是我做出了决定，我要完全地改变教学方式，不仅是为了学生，也是为了民主的健康。我们现在的教育方式仍然在黑暗的时代。尽管我们在学校里面重新进行努力，重新设计，但这些学生还是被要求去吸收很多知识，为了去考试，很多人还是要举手才能够发表自己的观点。我发现确实是长时间存在问题，我也突然发现我在帮助这些学生，那些知道学校规则的学生，但是那些也很有才，但不知道学校运行规则的人，或者是不愿意这样做的人，他们就吃亏了。我突然发现本杰明·富兰克林是对的，不要让学校耽误了你的教育。我也发现我必须要重新设计我的课堂，因为现在很多的学生，他们的思考的方式和30年前是不一样的，也就是在电子设备出现之前。科技对于教育有很大的影响，这些青少年他们沉溺于这些电子设备，让他们的思维更加发散，很难去集中注意力，也很难去完成任务。近来的研究发现这些电子设备的影响可能会带来一些反社会的行为，提升他们的非参与率，也带来抑郁和孤单。你若去问教育者或者是学校的话，他们都会说这都是电子设备带来的影响，我开始去想，如果我对学生说这个是最重要的设备，你必须要每天都打开它，如果我把教学基于大脑是如何思考的，基于问题而不是答案，如果我退一步让学生能够进一步地沉浸于学习当中。教育应该是带来学习的火焰，而不是熄灭它，我希望我的学生们可以发表自己的观点，所以我想做出一些改变。我把我的课堂交给了学生，现在我的课堂是这样的，学生们会坐在一个椭圆的桌子旁，学生们是讨论的主角，他们会带来第一手的资料，会问问题，也会解决我在之前给他们准备的问题，他们基本不会写下我说的东西，因为我几乎不怎么说话。我可能也会在讨论会上发表一些观点，但是我并没有领导讨论，我希望他们能够自己去发现问题，去发现意义，去为我给他们准备的问题作出总结。但这说明所有的学生的观点都很重要，没有人就一定会比其他人聪明。学生们在说话的时候，我会向他们分享数据，告诉他们下一步下一次的讨论应该怎么样进行。

被试 10 CE

I increasingly felt the loss of sensibility for children is very terrible. Each child duringtheir grow up process will have feelings for everything. But what exactly is the sensibility? That is to take initiative to feel or can produce sensibility passively. To be more frankly speaking, we have a more sensitive heart that can be touched by our surroundings. But now the children are very hard to get touched. Some children can keep curious and kind to the world for some children are becoming more and more cold. Let's think of the recent murders recently, which can make us feel frightened as an educator. I always think what exactly is education? What can I do? As with the development of the digitalization and the loss of the feelings to the nature, many children are immersed in virtual world. They cannot feel, cannot listen to the singing of the birds and smell the aromas. Because of the distance away from the nature, they becoming are becoming more and more cold. As a Chinese teacher, I'm also developing a new ecosystem, which I called immersive scenery centered education. I hope that the learning can help them to develop their sensibility. Once I told them to write article about the autumn in Shenzhen, some children disagree said, how can Shenzhen have autumn? Shenzhen only have summer and spring. I said, actually, Shenzhen has autumn, but we have to find it out. So on that class, I brought all the students outside. And I divided the group into 3 groups and each member perform different roles, for example, the recorders, the representatives, and so on. And the children can find evidence of the fall by themselves. So I only perform as the photographer. A girl found a dead leaf and a new grown mushroom. She was very excited to say that it's very magical to have both the death and newborns. And another boy exclaimed that Shenzhen has an autumn, but it's hidden very deeply, very hard to find out. And another girl stayed quietly and drew a tree. She said, this tree shows what autumn is like for her. After that, I asked them what the relationship between the matters they found with the fall. You should have a new understanding of the autumn. After the children's discussion about their views on the autumn, I told them you have to use your imagination, the mind maps for the brain storms. And those children who disagree with the autumn in Shenzhen wrote that autumn is not only a season, but also a period we have to treasure. I also found a mantis about to leap. It seems that after its leap, we can immediately turn into spring. You see, the children are very sensitive to nature, but sometimes the educators are failing to do that. If we can do this in every class, children can will have more emotions and be more sensitive to the surroundings. But the truth is very brutal, no matter the comments on the social and parents' wishes are all targeted at the scores. Facing the scenarios nowadays, the parents are very worrying and children are very tired. And this is how the education system is like nowadays. So as an educator, I always think how should we protect and develop their sensibility?

附录 4　同声传译评分表

请在表格中给每位口译员的表现打分，最高为 10 分，最低为 1 分，请参考以下评分标准：

9—10 分：极为出色，传达效果和语言质量都非常优异。

7—8 分：尚可，有一些小问题，但整体不太影响。

6—7 分：勉强合格，听众可能会有些失望，但能看出译员尽力传达了信息。

4—5 分：基本不合格，翻译效果不能令人满意。

1—3 分：非常糟糕，完全不能接受，翻译基本无法使用。

被试 1 评分

评分参数	总体质量 （Overall Quality）	传达性 （Communicativity）	语言质量 （Language Quality）
英译中评分			
中译英评分			
总分			

被试 2 评分

评分参数	总体质量 （Overall Quality）	传达性 （Communicativity）	语言质量 （Language Quality）
英译中评分			
中译英评分			
总分			

被试 3 评分

评分参数	总体质量 （Overall Quality）	传达性 （Communicativity）	语言质量 （Language Quality）
英译中评分			
中译英评分			
总分			

被试 4 评分

评分参数	总体质量 （Overall Quality）	传达性 （Communicativity）	语言质量 （Language Quality）
英译中评分			
中译英评分			
总分			

被试 5 评分

评分参数	总体质量 （Overall Quality）	传达性 （Communicativity）	语言质量 （Language Quality）
英译中评分			
中译英评分			
总分			

被试 6 评分

评分参数	总体质量 （Overall Quality）	传达性 （Communicativity）	语言质量 （Language Quality）
英译中评分			
中译英评分			
总分			

被试 7 评分

评分参数	总体质量 （Overall Quality）	传达性 （Communicativity）	语言质量 （Language Quality）
英译中评分			
中译英评分			
总分			

被试 8 评分

评分参数	总体质量 （Overall Quality）	传达性 （Communicativity）	语言质量 （Language Quality）
英译中评分			
中译英评分			
总分			

被试 9 评分

评分参数	总体质量 （Overall Quality）	传达性 （Communicativity）	语言质量 （Language Quality）
英译中评分			
中译英评分			
总分			

被试 10 评分

评分参数	总体质量 （Overall Quality）	传达性 （Communicativity）	语言质量 （Language Quality）
英译中评分			
中译英评分			
总分			

附录5 知情同意书

口译释意理论实证研究知情同意书

亲爱的被试您好!

感谢您参加本次翻译研究实验。本实验旨在探讨不同翻译方向下的口译认知过程。邀请您参与此研究,是因为您是英国纽卡斯大学口笔译专业的硕士研究生,接受过专业的同声传译训练,并且目前从事与口译相关的工作。

在实验中,您将收到两个翻译任务,分别为一段汉语音频(时长5分56秒)和一段英语音频(时长6分05秒),主题均为教育,不涉及技术性词汇,无明显口音。您的任务是对这两个音频分别进行汉译英和英译汉的同声传译,并将目标语的录音在三天内提交。

实验结束后,我们将进行访谈,并向您支付参与实验的劳务费。本实验承诺保护您的个人信息,所有数据仅用于研究,且均为匿名处理。

如您愿意参与,请在本知情同意书上签名。如有任何疑问,欢迎随时联系我,邮箱地址为 tang. q@ mail. scuec. edu. cn。感谢您的参与!

被试签名
日期

主试签名
日期